"Difícil definir quem é Luiz Antonio Simas. Historiador, dirão alguns. Dono do segredo, dirão outros. São, ambas, visões ortodoxas do homem. É o melhor intérprete do mundo que nos cerca: a rua que se abre em sete mil encruzilhadas."
– **Alberto Mussa**, escritor

"Alquimia remete ao dom de combinar a matéria ao invisível e torná-los metal precioso. Simas é alquimista. Vê riqueza e potência na miudeza das ruas e no povo que, supostamente derrotado, carrega o piano e constrói a História. É mestre a nos guiar pelas vielas, picadas e quebradas que traduzem o Brasil. Simas é ouro puro."
– **Flávia Oliveira**, jornalista

"Mestre da História e das coisas dos deuses e do samba, dedicado cientista daquela espécie de ciência histórica que emana da boca do povo, o 'caboclo' Simas 'sabe das coisas', ou melhor: vive as coisas que sabe; e extrai delas o sumo."
– **Nei Lopes**, escritor

LUIZ ANTONIO SIMAS

ALMANAQUE BRASILIDADES

Um inventário do Brasil popular

—

Ilustrações de **Mateu Velasco**

© Luiz Antonio Simas, 2018
© ilustrações, Mateu Velasco, 2018
© desta edição, Bazar do Tempo, 2018

Todos os direitos reservados e protegidos pela Lei n. 9610 de 12.2.1998. É proibida a reprodução total ou parcial sem a expressa anuência da editora.

Este livro foi revisado segundo o Acordo Ortográfico da Língua Portuguesa de 1990, em vigor no Brasil desde 2009.

DIREÇÃO EDITORIAL Ana Cecilia Impellizieri Martins
EDIÇÃO Michelle Strzoda
PROJETO GRÁFICO, CAPA E DIAGRAMAÇÃO Estúdio Insólito

DADOS INTERNACIONAIS DE CATALOGAÇÃO NA PUBLICAÇÃO (CIP)

S588a Simas, Luiz Antonio.
Almanaque brasilidades : um inventário do Brasil popular / Luiz Antonio Simas ; [ilustrador] Mateu Velasco. – Rio de Janeiro : Bazar do Tempo, 2018.
256 p. : il. ; 18 cm.

Inclui bibliografia.
ISBN 978-85-69924-40-1

1. Brasil - Cultura. 2. Brasil - Tradição. I. Título. II. Velasco, Mateu.
CDU 008(81)
CDD 306.0981

5ª reimpressão, janeiro 2023.

BAZAR DO TEMPO
PRODUÇÕES E EMPREENDIMENTOS CULTURAIS LTDA.

Rua General Dionísio, 53 - Humaitá
22271-050 - Rio de Janeiro - RJ
contato@bazardotempo.com.br
www.bazardotempo.com.br

LUIZ ANTONIO SIMAS

ALMANAQUE BRASILIDADES

Um inventário do Brasil popular

Ilustrações de **Mateu Velasco**

Dedico e consagro aos mestres encantados Luís da Câmara Cascudo, Fernando Pamplona e Eneida de Moraes e aos mestres e mestras dos folguedos brasileiros.

À memória dos meus avós e ao futuro do meu filho.

Dizem que tudo passa e o tempo duro
tudo esfarela
O sangue há de morrer

Mas quando a luz me diz que esse ouro puro
se acaba por finar e corromper
Meu sangue ferve contra a vã razão
E há de pulsar o amor na escuridão.

– Ariano Suassuna, "A mulher e o reino"

SUMÁRIO

BRASIL: UM PRATO CHEIO PARA A CULTURA
6

❖ ❖ ❖

FÉ E FESTA
8

❖ ❖ ❖

GENTES DO BRASIL
84

❖ ❖ ❖

GUERRAS DO BRASIL
160

❖ ❖ ❖

MITOS, ENCANTOS E ASSOMBRAÇÕES
206

❖ ❖ ❖

DICAS DE LEITURA
252

BRASIL: UM PRATO CHEIO PARA A CULTURA

Das várias acepções que o conceito de "cultura" tem, a que norteia as linhas que seguem é aquela que encara a cultura como todo processo humano de criação e recriação das formas de viver, englobando padrões de comportamento, visões de mundo, elaborações de símbolos, crenças e hábitos. Formas de nascer, amar, odiar, matar, morrer, cantar, dançar, orar, praguejar, beber, comer etc.

Fala-se aqui também de tradição, evitando a armadilha de encará-la de forma estática. A tradição que borda essas páginas é percebida a partir do ato de se transmitir algo para que o receptor tenha condições de colocar mais um elo numa corrente, dinâmica e mutável; jamais paralisada ou, quando em movimento, linear.

Os mestres das encantarias ensinam que as árvores com raízes mais profundas têm as copas mais altas, de onde se descortinam horizontes. Dos seus galhos mais altos, voos ousados e de rumo incerto, para longe dela, inclusive, podem ser experimentados pelos pássaros.

O que se lê aqui é, em larga medida, tributário da longa tradição dos textos leves dos almanaques: devoções, festas da fé, personagens e encantamentos. A mirada do que se apresenta é reverente aos dilemas do Brasil que inventamos no tempo, nos cotidianos de campos e cidades: as formas nossas de recriar os mundos onde, muitas vezes, não se imaginaria, por escassa e contra muita coisa, tamanha vida.

A aventura civilizatória brasileira, no terreno fértil das crenças, é fortemente marcada pelo catolicismo ibérico. É também, frequentemente, dinamizada, reinventada, particularizada, pela circulação de informações e crenças ameríndias, das múltiplas Áfricas e das outras Europas que se encontraram no Extremo Ocidente para inventar o Brasil.

Desenvolveram-se aqui celebrações profundamente sincréticas. O sincretismo, afinal, é fenômeno de mão dupla. Pode ser entendido como estratégia de resistência e controle – com variável complexa de nuances – e também como fenômeno de fé. A incorporação de deuses e crenças do outro é vista, por muitos povos, como acréscimo – e não diluição – de força vital.

As festas católicas normalmente transitam em torno dos eventos da vida, da paixão e da ressurreição de Jesus Cristo; do culto aos santos e beatos e da adoração da Virgem Maria. Já os fundamentos das celebrações indígenas e africanas celebram a força da ancestralidade e a divinização da natureza. Da interseção desses fundamentos e da circulação das culturas que o tempo todo se influenciam, surgiram os nossos modos de celebrar o mistério: a fé é festa.

FESTA DE REIS

A comemoração do ciclo do Natal no Brasil é muito mais vasta do que a longa barba do Papai Noel. Repleta de cantorias e autos dramáticos de celebração – como pastoris, lapinhas, cheganças, fandangos, Boi de Calemba, marujadas, congadas, entre outros – a maneira brasileira de se louvar a data é exemplar da ideia de que as devoções podem se manifestar em folguedos e alegrias pelo nascimento do Menino Deus.

A festa do Natal – estabelecida em 25 de dezembro pelo papa Júlio I, em 376 – marca o encerramento do Advento (as quatro semanas que antecedem a celebração do nascimento de Jesus) e anuncia a Epifania (a manifestação de Cristo aos Reis Magos do Oriente).

A tradição brasileira de Reis, certamente de origem ibérica – a festa é especialmente forte na Espanha e em Portugal –, manifesta-se na formação de grupos de foliões que visitam as casas com estandartes e instrumentos musicais. Munidos de violas, pandeiros, reco-recos, sanfonas, chocalhos, cavaquinhos e triângulos, os foliões entoam músicas em louvação aos Santos Reis e recebem, em troca, oferendas propiciatórias ao festejo.

Geralmente as folias formam-se em consequência de promessas feitas e graças alcançadas pela ação dos Reis. O pagamento da promessa inclui a obrigação de angariar recursos financeiros para manter uma folia por até sete anos.

Além dos músicos e cantores, muitas folias são compostas por palhaços, dançarinos e personagens das tradições locais, transformando-se em verdadeiros autos dramatúrgicos de celebração comunitária. Os palhaços são personagens que não podem faltar nas Folias de Reis. A tradição diz que a função dos palhaços é a de distrair, pelas brincadeiras, os soldados de Herodes, impedindo que eles encontrem a Sagrada da Família, que para escapar da matança dos inocentes foge para o Egito. Outra versão diz que os palhaços mascarados representam soldados de Herodes que se converteram ao cristianismo. Para fugir do castigo que isso geraria, eles se disfarçam.

CURIOSIDADE

Nas festas e folguedos populares, o que não pode faltar é comida. Veio da Europa a nossa tradição do bolo de

Reis, normalmente preparado com frutas cristalizadas. Em algumas regiões de Portugal, o bolo é servido com uma fava escondida. Quem encontra a fava – ou algum outro brinde – deve ser o responsável pelo bolo do ano seguinte. Tradição similar ocorre na Itália, na França e nos países de colonização francesa. Na Espanha é hábito a criança colocar um sapato na janela (costume entre nós enraizado no Natal) com alguma oferenda aos Reis. Reza a tradição que, na manhã seguinte, o sapato amanhece com doces e presentes deixados pelos magos do Oriente.

SIMPATIA PARA
A BOA SORTE

A romã, fruta originária da Pérsia, é presente em várias culturas com significados de prosperidade e fertilidade, fato provavelmente originado da sua grande quantidade de sementes. Os judeus lembram que a romã possui 613 sementes; mesmo número dos *mitzvotis*, os provérbios sagrados da Torá. O suco de romã ainda é tomado, em regiões da Índia, como um propiciador da fertilidade feminina. O Brasil herdou de Portugal a tradição de que devemos retirar da romã nove sementes no Dia de Reis, com rogações a Baltazar, Gaspar e Belchior. Três sementes devem ser comidas, três devem ser ofertadas e três devem viver dentro de carteiras ou bolsas onde se leva dinheiro. A prosperidade no ano que se inicia estará garantida.

QUE DIA É HOJE?
★ 1º DE JANEIRO ★
CALENDAS DO MÊS

Não havia dias da semana no antigo calendário romano. Os dias fixos eram as calendas (primeiro dia do mês), as nonas (o quinto ou o sétimo dia, dependendo do mês) e os idos (a 15 ou 13, de acordo com o mês). Os outros dias eram contados de forma decrescente, a partir dos dias fixos (um dia antes dos idos; dois dias antes das calendas). De calendas, originou-se a palavra "calendário". Dos idos, popularizou-se a expressão "lá pelos idos de novembro". É famosa também a expressão popular "para as calendas gregas", cujo significado é "para nunca". Os gregos, afinal, não tinham calendas.

CONGADAS

Do encontro entre as tradições de Angola e do Congo redefinidas no Brasil, as devoções ibéricas aos santos católicos e as representações dramáticas de escaramuças medievais surgiram, com os primeiros registros localizados no Recife, em meados do século XVII, os autos dramáticos das congadas.

Ao mesmo tempo que recria a cerimônia de coroação do rei do Congo e da mítica rainha Jinga de Angola, com suas cortes respectivas, o folguedo dramatiza a luta entre mouros e cristãos, com a vitória dos últimos. Homenageia, ainda, Nossa Senhora do Rosário e São Benedito, entre cantos embalados por tambores, pandeiros, sanfonas, reco-recos, violas, violões e cavaquinhos.

Os figurantes do auto, com roupas e adereços coloridos, dividem-se entre os grupos do rei do Congo e do embaixador da rainha Jinga e representam príncipes, ministros e generais. Dramatizam breves conflitos, cruzam espadas e, por fim, se reconciliam. Em Goiás, onde ainda se realizam frequentemente congadas em pleno século XXI, ocorre a representação da visita da embaixada de certa princesa Miguela ao rei, seu primo.

Espalhando-se pelo Brasil, mutáveis de acordo com as especificidades que cada região deu ao auto, as congadas normalmente ocorrem nas festas da Senhora do Rosário (em outubro), no ciclo do Natal, no dia 13 de maio ou ainda nas festividades dos padroeiros das cidades.

Há ainda, com forte ligação com as congadas, sobretudo em Minas Gerais, os Moçambiques. Estes se organizam dramaticamente a partir de uma tradição católica africana ligada a Nossa Senhora do Rosário e reelaborada no Brasil – devoção que teria sido introduzida na África pelos dominicanos durante missões de catequese ainda no século XVI.

CURIOSIDADE

Reza a tradição que em, certa feita, uma imagem de Nossa Senhora do Rosário apareceu no mar. Os negros começaram então a bater tambores e cantar pedindo proteção contra os inimigos. A imagem, trazida pelo vaivém das ondas, finalmente chegou à praia, foi resgatada pelos devotos e começou a caminhar.

Os cortejos dos Moçambiques representam essa história e reproduzem o resgate da santa entre as ondas. Os congadeiros, conhecidos como Filhos do Rosário, se encontram então com os participantes dos

Moçambiques e passam a caminhar com a imagem de Nossa Senhora; bailando, cantando e celebrando a fé.

PARA SABER MAIS

Um livro para conhecer melhor o mito da rainha de Angola: *O trono da rainha Jinga*, de Alberto Mussa (2007). A história da rainha Jinga de Angola foi enredo do G.R.E.S. Império da Tijuca, no ano de 2010. Eis o trecho do samba – de Márcio André, Djalma Falcão, Ito Melodia, Grassano e Jota Karlos:

"Quilombola de Angola
Mesmo vencida unifiquei nações
Sou orgulho de uma raça
História que viaja nos negreiros
Sonho de um povo
Senhora dos terreiros
Venho na força do vento
Queimo como fogo
Dona do maracatu
Minha espada é de ouro
Sou a luz da meia-noite
Meu cortejo vai passar
Sou rainha do congá"

CÍRIO DE NAZARÉ

Corria o ano de 1700. O caboclo ribeirinho Plácido José de Souza, agricultor e caçador, encontrou à beira do igarapé Murucutu, em Belém do Pará, uma pequena imagem de Nossa Senhora de Nazaré. Plácido cuidou da imagem desgastada pelo tempo e montou em casa um altar modesto para a Virgem. Diz o povo que a imagem voltou milagrosamente ao local onde tinha sido encontrada. O fato se repetiu algumas vezes. A santinha queria ficar no igarapé.

O caboclo Plácido viu nas voltas da santa um sinal divino e, por isso, ergueu uma ermida à beira do Murucutu. O prodígio da volta da imagem correu de boca em boca, e o povo passou a visitar a ermida e reverenciar Nossa Senhora. A festa do Círio de Nazaré, até hoje, reproduz simbolicamente o misterioso retorno da santinha ao local onde fora encontrada.

No segundo domingo de outubro, a procissão do Círio sai da Catedral de Belém e segue até o Santuário de Nazaré, onde a imagem da santa fica exposta durante quinze dias. Em 2004, o Instituto do Patrimônio Histórico e Artístico Nacional (Iphan) registrou a procissão do Círio de Nazaré como patrimônio cultural imaterial. Naquele ano, o percurso de 3,6 quilômetros foi percorrido, diante da multidão de romeiros, em mais de nove horas.

O que fascina no Círio, além da festa da devoção, é a capacidade que o evento tem em quebrar as fronteiras entre o sagrado e o profano, tão flexíveis no Brasil. A festança é permeada de cheiros, sabores, leilões de prendas, bailados, brincadeiras infantis e outras formas de invenção constante da vida pela cultura.

O Círio é, também, elemento poderoso da construção da identidade paraense. É costume no Pará que o desejo de "Feliz Círio" tenha sentido equivalente – como marco inaugurador de um novo ciclo – aos desejos de boas festas que acompanham o mês de dezembro em virtude do Natal e do Ano-Novo.

CURIOSIDADE

A palavra "círio", oriunda do latim, significa "grande vela" e designa também as procissões e romarias feitas à luz de velas. A procissão de Nossa Senhora de Nazaré começava geralmente na parte da tarde e entrava pela noite, com as velas acesas. As chuvas constantes que caíam no final da tarde na Amazônia paraense, todavia, geraram a transferência da procissão, depois de um grande temporal em 1853, para a parte da manhã. É como ocorre até hoje.

É de dar água na boca

A culinária do Pará, fortemente marcada pela cultura indígena, se faz presente no Círio, com seus condimentos feitos com as folhas e frutas amazônicas, como tucumã, muruci, cupuaçu, castanha, bacuri, bacaba, taperebá, ervas e pimenta de cheiro, que temperam peixes, patos, camarões e caranguejos. E tem tucupi – caldo amarelo extraído da mandioca –, tacacá – mingau feito à base de tucupi, goma de tapioca, camarão seco e jambu –, chibé – mingau de farinha de mandioca e água – e maniçoba. Este último é o prato que exige maior rigor em sua preparação, já que a maniçoba é feita com a folha venenosa da maniva (mandioca). A folha é moída e cozida por aproximadamente uma semana, para perder o ácido cianídrico. A maniçoba é então preparada como uma feijoada paraense: adicionam-se paio, costela, pé de porco, charque etc. Pronta a iguaria, é só servi-la acompanhada de arroz, farinha de mandioca, pimenta de cheiro e molho de tucupi.

PARA SABER MAIS

Em 1975, a Unidos de São Carlos, escola de samba do Rio de Janeiro, que passou a se chamar Estácio de Sá em 1983, homenageou a procissão do Círio de Nazaré. Em 2004, a Unidos do Viradouro reeditou o samba, com o enredo "Pediu pra Pará, parou: Com a Viradouro eu vou pro Círio de Nazaré". O desfile e o samba, de Aderbal Moreira, Dario Marciano e Nilo Mendes, podem ser encontrados no Youtube.

> "Em torno da Matriz
> As barraquinhas com seus pregoeiros
> Moças e senhoras do lugar
> Três vestidos fazem pra se apresentar
> Tem o circo dos horrores
> Berro-Boi, roda gigante
> As crianças se divertem
> Em seu mundo fascinante
> E o vendeiro de iguarias a pronunciar
> Comidas típicas do Estado do Pará"

GENTE SABIDA

"A alma lusitana está grávida de divino."
Fernando Pessoa

QUE DIA É HOJE?
★ 4 DE JANEIRO DE 1950 ★
BOTA PARA TOCAR

A gravadora RCA Victor anunciou, no Brasil, o início da produção de LPs de vinil. Os discos de cera, que costumavam quebrar com uma facilidade exasperadora durante brigas domésticas e estripulias infantis, se tornam relíquias de colecionadores e museus.

FESTA DE NOSSA SENHORA DOS PRAZERES

Uma das manifestações religiosas mais famosas de Pernambuco é a Festa de Nossa Senhora dos Prazeres, realizada nos primeiros dez dias após a Semana Santa, em Jaboatão dos Guararapes. Os pernambucanos chamam a louvação de Festa da Pitomba, já que ela acontece exatamente na época da safra da fruta que lambuza e perfuma a aldeia da pedra furada, por onde vaza o mar sem fim que vem de Itamaracá.

Nas origens da festa está o fim do período de 24 anos em que a região foi governada pelos holandeses (1630–1654). Os flamengos tentavam controlar especialmente as rotas de distribuição do açúcar nordestino na Europa e participar ativamente dos negócios lucrativos do tráfico negreiro.

Reza a tradição que durante a guerra de expulsão dos holandeses, a Senhora dos Prazeres apareceu de forma milagrosa aos guerreiros nativos. Não satisfeita em dar, literalmente, o ar de sua graça, a Virgem transformou pedras em balas, protegeu as tropas e praticamente garantiu a vitória pernambucana.

Agradecido ao milagre da santa, o general Francisco de Menezes mandou erguer no solo de Guararapes, nos idos de 1656, uma capela em homenagem à Virgem e em louvor ao triunfo.

Como a festança começa logo após o Domingo de Páscoa, ao final da Quaresma, o povo aproveita o evento religioso para descontar os tempos de penitência e se esbaldar nos folguedos.

Os pernambucanos costumam dizer que a festa é sagrada e profana: ao lado das procissões, celebrações eucarísticas e novenas, desfilam cortejos de pastoris, bois e maracatus; com comidas típicas e bebidas.

❧ É de dar água na boca ❦

A culinária de Pernambuco sofre forte influência das cozinhas portuguesa, indígena e africana. O período holandês não deixou marcas especiais na cozinha local. Uma das mais famosas e peculiares iguarias de Pernambuco é o bolo Souza Leão. Diz a tradição que o bolo foi criado por dona Rita de Cássia Souza Leão Bezerra Cavalcanti, esposa de um dono de engenhos no século XIX. A receita mais famosa leva massa de mandioca (que substituiu o trigo europeu), coco, açúcar, manteiga e ovos. Contam os pernambucanos que, ao visitar a região em 1859, o imperador d. Pedro II e a imperatriz Teresa Cristina conheceram o bolo e adoraram o seu gosto.

▶ PARA SABER MAIS ◀

O filme *Batalha dos Guararapes* (1978), dirigido por Paulo Thiago, retrata o período da dominação holandesa do nordeste brasileiro.

Ainda sobre o período das invasões holandesas, Chico Buarque de Hollanda e Ruy Guerra escreveram o musical *Calabar – o elogio da traição* em 1973.

GENTE SABIDA

❝Que importa o tempo? Há amigos de oito dias e indiferentes de oito anos.**❞**

Machado de Assis

QUE DIA É HOJE?
★ 7 DE JANEIRO DE 1942 ★
UM PALHAÇO DE SUÁSTICA

O Brasil rompe relações com os países do Eixo, no contexto da Segunda Guerra Mundial. Está aberto o caminho para que Hitler vire um personagem devidamente ridicularizado na marchinha "Quem é o tal?", de Ubirajara Nesdan e Afonso Teixeira:

"Quem é que usa cabelinho na testa
E um bigodinho que parece mosca
Só cumprimenta levantando o braço
É, ê, ê, ê palhaço!"

FESTA DA PENHA

A história da festa de Nossa Senhora da Penha de França, no Rio de Janeiro, remonta ao século XVII. Reza a tradição que um português, Baltazar de Abreu Cardoso, que recebera em sesmaria as terras da Penha – hoje, um bairro do subúrbio carioca –, em 1613, ergueu uma pequena capela em louvor à Nossa Senhora, em 1635, agradecendo a um milagre: a Virgem, ao fazer surgir um misterioso lagarto, o teria livrado do ataque de uma cobra durante uma caçada. A atual igreja, bastante diferente da primitiva ermida do século XVII, foi erguida no final do século XIX.

A Festa da Penha é originalmente uma celebração religiosa de base portuguesa – marcada pela presença das famílias oriundas de Portugal que moravam no Rio de Janeiro – que, ao longo da História, vai ganhando contornos bem mais amplos. A celebração chega ao ponto de se tornar, nos primeiros anos da República, uma festa que só perdia em popularidade entre os cariocas para o Carnaval.

Rompendo as fronteiras entre o sagrado e o profano, a Festa da Penha tornou-se palco para a venda de quitutes africanos, apresentação de capoeiristas e realização de rodas de choro e samba, fundamentais na história da consolidação desses gêneros musicais.

As relações com o poder público com o festejo foram tensas, sobretudo na Primeira República, a ponto de a prefeitura do Rio de Janeiro ter tentado proibir as rodas de samba na Penha em 1904, 1907 e 1912.

Ao longo dos anos, a festa foi perdendo popularidade, sem nunca ter deixado de acontecer durante quase quatro séculos, normalmente nos meses de outubro e novembro. Destacam-se ainda hoje a Procissão Luminosa, uma das mais bonitas do Rio de Janeiro, e a lavagem dos degraus da escadaria que leva ao santuário,

além das barraquinhas que, na entrada do Parque Shangai – onde começa o caminho de subida para a igreja –, vendem comidas típicas e prendas.

CURIOSIDADE

A romaria da Penha era vista pelos cariocas como um evento que antecedia o Carnaval; além de ter servido como um espaço para que compositores – antes do advento da Era do Rádio – divulgassem seus sambas e choros. Não é à toa que a festa tenha sido cantada por nomes da expressão de Noel Rosa, Ary Barroso e Luiz Gonzaga. No entanto, o samba de Cartola, em parceria com Assobert – "Festa da Penha" – talvez seja aquele que melhor descreva a celebração como um evento no cotidiano dos cariocas:

"Uma camisa e um terno usado/ Alguém me empresta/ Hoje é domingo/ E eu preciso ir à festa/ Não brincarei/ Quero fazer uma oração/ Pedir à santa padroeira proteção/ Entre os amigos/ Encontrarei alguém que tenha/ Hoje é domingo e eu preciso ir à Penha."

Reza a lenda que a escadaria da Igreja da Penha tem 365 degraus, correspondentes aos dias do ano. É bonito, mas não é verdade. A escadaria tem, na verdade, 382 degraus talhados na pedra.

DANÇA DE SÃO GONÇALO

A hagiografia – relato sobre a vida dos santos – diz que São Gonçalo de Amarante nasceu em Tagilde, Portugal, em 1187. Depois de estudar em uma escola episcopal de Braga, foi ordenado sacerdote e pároco de São Paulo de Vizela. Viajou para Roma e Jerusalém e, na volta, entrou em crise, por achar que a devoção a Jesus Cristo não comportava a necessidade de tantas pompas como as que vira.

Gonçalo finalmente encontrou na cultura popular a sua maneira de falar de Cristo. Diz-se que quando pregava para as prostitutas, vestia saia de mulher, enfeitava-se com rendas e fitas, tocava viola e dançava sem parar. Usava pregos nos sapatos, para mostrar que a alegria da dança era divina e suplantava a dor. Organizava bailes para mulheres como forma de conversão.

Ao chegar a Amarante, no Douro, Gonçalo reparou que na cidade não havia a tradição do casamento religioso. Os casais normalmente viviam juntos, sem as bênçãos da Igreja. Padre Gonçalo casou todo mundo, para a irritação dos mais tradicionalistas, que não admitiam a celebração de matrimônios de mulheres que não fossem mais virgens. Ganhou, por causa disso, a fama de casamenteiro das velhas.

São Gonçalo morreu no dia 10 de janeiro de 1259, em Amarante. Além de casamenteiro, é considerado o protetor dos violeiros e das vítimas das enchentes – fato provavelmente relacionado a uma ponte que construiu em mutirão sobre o rio Tâmega, para ajudar os mais necessitados que precisavam cruzá-lo.

A dança de São Gonçalo, que reproduz o bailado do santo, foi levada pelos portugueses para a costa do Congo-Angola, onde adquiriu novos tons. Chegou ao Brasil como uma celebração de origem portuguesa e é redefinida e potencializada pelos negros devotos do santo dançarino e violeiro de Amarante.

A celebração do santo é muito forte, por exemplo, no povoado de Mussuca, na cidade de Laranjeiras, em Sergipe. Lá se dança o São Gonçalo com raro vigor. Segundo a tradição, é a dança que o santinho inventara, pulando em virtude dos pregos nos sapatos, para falar de um Cristo de alegrias para os deserdados.

Os tocadores enfeitam suas violas, tambores e cavaquinhos, e os que bailam colocam saias, como o santinho fazia, para pagar promessas. Uma mulher, representando a mariposa, dança e canta segurando um barco com a imagem de São Gonçalo. Tal fato se explica em virtude da ligação dele com o rio Tâmega e de alguns mitos que o vinculam ao mar.

CURIOSIDADE

A imagem mais icônica de São Gonçalo vem acompanhada de uma corda. Diz o povo que as mulheres mais velhas que ainda quiserem casar devem puxar a cordinha e rogar ao santo por um pretendente. Uma quadrinha registrada em Portugal aborda essa tradição:

"São Gonçalo de Amarante/ Casamenteiro das velhas/ Por que não casais as novas/ Que mal lhe fizeram elas?"

GENTE SABIDA

❝ Eu sirvo até de adubo para minha terra, mas dela não saio. ❞
Cacique Samado Santos,
ÍNDIO PATAXÓ HÃ HÃ HÃE

QUE DIA É HOJE?
★ 20 DE JANEIRO DE 1961 ★
TEM CACIQUE NO CARNAVAL

Que o chefe Touro Sentado nos desculpe, mas o apache mais importante de todos os tempos nasceu no subúrbio carioca – à sombra de uma tamarineira e protegido por Oxóssi, sincretizado nas macumbas com o santo do dia e padroeiro do Rio, São Sebastião. No dia 20 de janeiro de 1961, foi fundado o bloco carnavalesco Cacique de Ramos. O bloco As Onças Pintadas do Catumbi, berço do Bafo da Onça, encontrava um rival disposto a acender fogueiras e bater tambores de guerra nos dias de Momo. O desfile do Cacique de Ramos, nas madrugadas de folia na avenida Rio Branco, continua sendo uma grande atração do Carnaval do Rio de Janeiro.

SÃO LONGUINHO

Sabe-se que Cássio foi um soldado romano presente na cena da crucificação de Cristo. Diferentes versões sobre o suplício de Jesus indicam que teria sido ele o centurião que perfurou o crucificado com uma lança – relíquia que teria sido encontrada nos tempos da primeira cruzada e está exposta em Viena, Áustria. O sangue de Cristo respingou nos olhos do centurião, que naquele momento foi tocado pela graça e se converteu. Cássio passou a ser conhecido como Longinus – latinização do grego *lonke*, lança.

Por ter aderido ao cristianismo e renegado o poder de Roma, Longinus foi torturado, teve os dentes e língua arrancados, e foi decapitado em Jerusalém.

São Longinus foi canonizado pelo papa Silvestre II, no ano de 999. Alguns relatos sobre a canonização afirmam que parte importante da documentação do processo, em dado momento, se perdeu. O papa teria, então, rogado ao próprio santo para que os documentos fossem encontrados, o que acabou ocorrendo. Viria daí a fama que o santo tem de atender aos pedidos dos fiéis que querem encontrar bens perdidos.

São Longuinho é representado ora como um centurião com uma lança, a que ele teria usado para furar o corpo de Cristo, ora com uma lanterna acesa, símbolo de seu poder de encontrar objetos perdidos.

SIMPATIA PARA ENCONTRAR OBJETOS PERDIDOS

Na cultura popular brasileira, Longinus – muito venerado na Espanha – virou mesmo "Longuinho". É tradicional, ainda, o hábito de se fazer uma promessa ao santo para encontrar o que foi perdido. O juramento deve ser feito mediante os seguintes dizeres: "São Longuinho, São Longuinho, se eu achar o que está perdido, dou três pulinhos e três gritinhos".

CURIOSIDADE

Existem duas imagens do santo no Brasil: na Capela de Nossa Senhora da Escada, em Guararema, São Paulo, esculpida em madeira por índios das missões, e na Igreja de Bom Jesus de Matosinhos, em Congonhas, Minas Gerais.

QUE DIA É HOJE?
★ 28 DE JANEIRO DE 1887 ★
PARIS É AQUI

Foi no dia 28 de janeiro de 1887 que a Torre Eiffel, símbolo de Paris, começou a ser construída. O monumento foi inaugurado em 1889, durante a Feira Mundial, que comemorou o centenário da Revolução Francesa. Em 2007, uma réplica da torre foi construída no município paranaense de Umuarama, com uma proporção simétrica à original. Enquanto a torre francesa tem 324 metros de altura, a paranaense tem 32,4 metros. A largura da base da réplica tem 12 metros, exatamente dez por cento dos 120 metros da base da original.

SÃO BRÁS, SÃO BRÁS, SÃO BRÁS!

São Brás foi bispo de Sebaste, na Armênia. Entre os seus milagres, o mais conhecido é o que conta como o santo arrancou com a mão o espinho atravessado na garganta de uma criança. Por causa disso, virou o santo que protege a voz e cura os males da garganta.

De culto muito popular em todos os países cristãos, e a partir da Península Ibérica tendo sua fama disseminada no Brasil, São Brás é padroeiro de dezenas de municípios brasileiros e nomeia outros tantos em São Paulo, Alagoas, Piauí, Pará, Minas Gerais, Paraná etc.

Sua festividade ocorre no dia 3 de fevereiro, a data em que teria sido martirizado na perseguição romana aos cristãos a mando do imperador Licínio no século IV. Reza a tradição que São Brás foi torturado e pendurado num andaime. Como resistia bravamente, descarnaram seus ossos com pentes de ferro e tentaram afogá-lo duas vezes. Como ainda assim resistia, foi degolado de forma inclemente.

SIMPATIA PARA
CURAR SOLUÇOS E ENGASGOS

No Brasil, São Brás é aquele que cuida dos soluços e engasgos das crianças É nesse sentido que registramos inúmeras rezas e simpatias dedicadas a ele: três tapinhas nas costas das crianças repetindo o nome do santo, beber a água colocada na frente da imagem no dia consagrado a ele, repetir quadrinhas evocando os poderes curativos do mártir, cruzar duas velas sobre a garganta rezando a seguinte oração:

"Por intercessão de São Brás, bispo e mártir, livre-te Deus do mal da garganta e de qualquer outra doença".

GENTE SABIDA

66 Liberdade é uma palavra que o sonho humano alimenta. Não há ninguém que explique e ninguém que não entenda. 99

Cecília Meireles

QUE DIA É HOJE?
★ 31 DE JANEIRO DE 1542 ★

Neste dia, Álvar Núñez Cabeza de Vaca, navegador espanhol, se tornou o primeiro europeu a encontrar as Cataratas do Iguaçu. O impressionante conjunto com cerca de 275 quedas d'água fica na fronteira entre o Brasil e a Argentina. Diz a lenda local que as cataratas surgiram quando a índia Naipi, contrariando um deus que pretendia desposá-la, fugiu com o índio Tarobá, seu grande amor, em uma canoa. Furioso, o deus cortou o rio, criando as cachoeiras e condenando os namorados à queda permanente na força das águas.

ionale
OS SANTOS JUNINOS

No hemisfério Norte, nos tempos do paganismo, as celebrações relacionadas às fogueiras e demais ritos do fogo marcavam o solstício do verão e a evocação de divindades propiciadoras da fartura em tempos de colheita. Essa herança pagã fundiu-se ao cristianismo popular e se apresenta com força especial nas festas de Santo Antônio, São Pedro e São João.

Chegando ao Brasil com a colonização portuguesa, o culto aos santos juninos foi redimensionado e vitalizado ao entrar em contato com elementos indígenas e africanos. É ainda fortemente ligado ao Brasil agrário, marcando o ciclo inicial da colheita do milho, as rogações contra a seca e desdobra-se em celebrações da vida: prendas, danças, namoros e simpatias fazem parte das festas; além de comidas típicas – como castanha, batata-doce, milho, mandioca e pinhão – e bebidas – como o quentão, feito a partir das raízes de gengibre aferventadas com cachaça.

SANTO ANTÔNIO

Santo Antônio nasceu em Lisboa, no dia 15 de agosto de 1195, e morreu em Pádua, Itália, em 13 de junho de 1231. Franciscano, a ele se atribuem centenas de milagres, como o da aparição do Menino Jesus em seu colo, durante um sermão que fazia na casa de um conde (milagre reproduzido em suas imagens), e o do sermão aos peixes do mar, que o escutaram com atenção.

Um dos milagres mais famosos atribuído ao santo é o de ter consolado uma jovem que, em virtude da pobreza, não conseguia casar, já que a família não tinha condições de preparar a festa, pagar o dote e o enxoval necessários. Frei Antônio a abençoou e, em poucos dias, a moça recebeu doações inesperadas e conseguiu se casar. Antônio passou a ter, então, a fama de arranjar casamentos.

CURIOSIDADE

Nas festas juninas era muito comum que moças casadouras fizessem promessas ao santo para conseguir a felicidade matrimonial. São conhecidas, na tradição popular, as famosas "negociações com o santo". Enquanto Santo Antônio não arruma o casamento, a imagem é submetida a castigos: é colocada atrás da porta, junto ao fogo, molhada de cabeça para baixo em um poço etc. Era hábito comum que nas festas juninas do interior as moças solteiras jogassem nas fogueiras bilhetes para Santo Antônio, com pedidos de sorte no amor. Tais hábitos expressavam costumes de sociedades patriarcais, profundamente machistas, em que as mulheres eram vistas como destinadas ao casamento.

· SÃO JOÃO ·

A tradição cristã afirma que São João batizou Jesus Cristo nas águas do rio Jordão, sendo por isso conhecido como Batista. Seria filho de Isabel, prima de Maria, a mãe de Jesus. Seu culto, introduzido pelos portugueses, é muito forte no Nordeste, onde é evocado com símbolos como a fogueira e o mastro.

A tradição do cristianismo popular conta que Isabel e Maria estavam grávidas na mesma época. Com dificuldades de locomoção, combinaram que aquela que tivesse o filho primeiro mandaria acender uma fogueira para avisar da boa nova. Isabel mandou, então, que se acendesse uma grande fogueira no dia 24 de junho, quando nasceu João.

CURIOSIDADE

Há quem pense que todas as fogueiras juninas são iguais, mas elas não são. O mito da fogueira foi certamente uma maneira que o cristianismo encontrou de redefinir os ritos do fogo que marcavam o solstício nas festas da colheita herdadas do paganismo, durante a Idade Média. Na tradição popular, as fogueiras juninas devem ser feitas de formas diferentes: a de São

João deve ter base arredondada, a de Santo Antônio deve ser quadrada, e a de São Pedro, triangular.

• SÃO PEDRO •

Apóstolo de Cristo e primeiro papa, São Pedro é o chaveiro do céu, vinculado na tradição popular às chuvas, e padroeiro dos pescadores, função que exercia no mar da Galileia. Sua festa, no dia 29 de junho, encerra o ciclo junino; aquele que só encontra similar no povo brasileiro, em força e amplitude, nas celebrações do Carnaval e no ciclo da Natividade de Jesus Cristo.

CURIOSIDADE

O Dia dos Namorados foi criado no Brasil na década de 1940, a partir da iniciativa de empresários paulistas que pretendiam estimular o comércio. Na tradição anglo-saxã a festa dos namorados é comemorada em 14 de fevereiro, dia consagrado a São Valentim, de culto pouco difundido entre nós. Escolheu-se para a celebração brasileira o dia 12 de junho, véspera do dia de Santo Antônio. Já que o namoro, dizia-se à época, é a véspera do casamento, nada mais coerente que comemorar o Dia dos Namorados na véspera do dia do santo casamenteiro.

É de dar água na boca

O arroz-doce é um prato típico do Norte de Portugal que fez estrondoso sucesso aqui, sendo largamente vendido nos mercados e feiras. Popularizou-se como uma comida típica de festas juninas. Em Portugal chamavam a iguaria de arroz de festa, por ser uma espécie de presença fundamental nas festividades do ciclo religioso da terrinha. Faltava de tudo, menos arroz-doce. Vem daí o uso da expressão "arroz de festa" para designar as pessoas que não perdem uma festança. No Brasil é comum que o arroz-doce seja incrementado de várias maneiras. Uma das receitas mais famosas inclui casca de limão e, para perfumar, canela e essência de flor de laranjeira.

O KUARUP

Os ritos religiosos indígenas, em sua maioria, fundamentam-se na força da ancestralidade e na evocação do poder da vida sobre a morte, mesmo quando esta última é celebrada. Entre danças, pinturas corporais, adornos e máscaras, os ritos fúnebres louvam a continuidade e reverenciam os que já se foram e, por isso mesmo, continuam.

Contam na praia sagrada de Morená, onde os rios Kuluene, Batovi e Ronuro se encontram para formar o Xingu, que Mavutsinim, o primeiro homem do mundo, queria ressuscitar os mortos. Cortou toras de madeira (*kuarups*) e as levou para a aldeia. Pintou as toras e as enfeitou com adornos coloridos de penas e miçangas.

Mavutsinim começou então a cantar e dançar, para que as toras adornadas fossem animadas pelos espíritos dos mortos e eles voltassem a viver. Assim aconteceu. O pajé anunciou, todavia, que os homens que tivessem tido relações sexuais nos dias da cerimônia não poderiam ver os ressuscitados. Um índio foi vencido pela curiosidade e desrespeitou, mesmo depois de ter mantido relações sexuais, o recado do pajé.

Assim que a proibição foi quebrada, os ressuscitados foram embora, desanimando as madeiras que os trouxeram de volta à vida. Mavutsinim disse, então, que a partir daquele instante os mortos não mais viveriam na matéria. O Kuarup seria a cerimônia que celebraria a libertação da alma dos mortos para a vida em outro mundo.

CURIOSIDADE

O Kuarup costuma acontecer uma vez por ano no Xingu. Cada tronco pintado e adornado representa um morto da comunidade. Entre cantos, danças, lamentos e objetos dos mortos, o Kuarup marca o fim do período do luto. Com as toras que vão embora, morre o morto e acaba a dor. Quem vive agora é o ancestral, na dimensão da memória da comunidade e na força sagrada da natureza de Morená, onde o sol e a lua moram.

PARA SABER MAIS

Xingu (2011), filme dirigido por Cao Hamburguer, conta a saga dos irmãos Villas-Bôas, importantes sertanistas brasileiros.

QUE DIA É HOJE?
★ 7 DE FEVEREIRO DE 2009 ★
O DONO DA TERRA

É sancionada a lei estabelecendo o dia 7 de fevereiro como o Dia Nacional da Luta dos Povos Indígenas. A data escolhida é a da morte, em 1756, do cacique Sepé Tiaraju, índio martirizado na resistência dos guaranis contra os colonizadores portugueses e espanhóis, na região dos Sete Povos das Missões.

FESTA DE DOIS-DOIS

Segundo a tradição, Cosme e Damião eram médicos e viveram no século III. Há quem diga que seus nomes verdadeiros eram Acta e Pássio. Ambos teriam, como cristãos, sido martirizados na Síria durante as perseguições do imperador Diocleciano, o mesmo que mandara martirizar São Jorge. A hagiografia indica que os corpos dos gêmeos foram levados por fiéis do credo cristão para Roma.

Depois de mortos, atribui-se aos gêmeos o milagre da materialização, quando apareciam para auxiliar crianças vitimadas pela violência. A referência inicial da chegada do culto aos santos no Brasil data dos primórdios da colonização. A primeira igreja dedicada a Cosme e Damião foi erguida em 1530, em Igarassu, capitania de Pernambuco.

No Brasil de todos os encantamentos, deu-se o encontro entre os santos gêmeos do catolicismo e Ibeji – o orixá dos iorubás que protege as crianças e cuida para que o tempo não amargue suas vidas. O sincretismo entre os santos católicos e o orixá africano transformaram Cosme e Damião nos donos de todos os doces e carurus. Festa de Dois-Dois, conforme diz o povo.

A mistura é tão marcante que até Doum apareceu. Entre os nagôs da Nigéria, Idowu é o nome dado à criança que nasce após o parto de gêmeos. Por aqui, o irmão mais novo dos gêmeos africanos virou Doum e passou também a ser cultuado nos fuzuês de Dois-Dois, especialmente nos terreiros de umbanda, religião marcadamente brasileira, como o irmãozinho mais novo de Cosme e Damião.

Em Salvador, em outros tempos, havia ainda o Lindo-Amor, um menino que saía às ruas, vestido de papel de seda colorida, para pedir o dinheiro para a Festa de Dois-Dois.

A festa das crianças, Dia de São Cosme e Damião, comemorada no dia 27 de setembro, também é repleta de sabores. Além da tradicional distribuição de doces em saquinhos de papel, que muitas vezes ocorre em virtude de promessas feitas aos gêmeos, há ainda o caruru dos meninos, profundamente marcado por fundamentos da religiosidade afro-ameríndia.

É de dar água na boca

Prato de origem indígena que se africanizou no Brasil e se abrasileirou nas Áfricas, o caruru deve ser ofertado no Dia de Cosme e Damião inicialmente a sete crianças. Encontra vínculo simbólico, desta forma, com o *ekuru* (bolinho de feijão), a comida ofertada ao orixá Ibeji. Manuel Querino, em *Arte Culinária na Bahia*, dá a receita do *ekuru* de Ibeji dos candomblés tradicionais baianos. Ele é preparado com feijão-fradinho, como o acarajé; coloca-se em folha de bananeira uma pequena quantidade, à maneira do acaçá. Depois é só cozinhar em banho-maria, sobre gravetos colocados no interior de uma panela com água. E diluir a massa em mel de abelhas ou em um pouco de azeite de cheiro com sal.

CURIOSIDADE

O Dia das Crianças no Brasil, 12 de outubro, foi criado em 1924, em projeto de lei proposto pela Câmara Federal e sancionado pelo presidente Artur Bernardes. Ninguém deu muita pelota para a data, ignorada por mais de três décadas. Somente em 1960 a coisa mudou, quando uma fábrica de brinquedos se aliou a uma multinacional de produtos de higiene para crianças e promoveu a "Semana do Bebê Robusto", com incentivos de propaganda para troca de presentes, concurso de beleza infantil e outros salamaleques. Com o sucesso da empreitada, fabricantes de brinquedos resolveram divulgar o Dia das Crianças como uma data com potencial para aquecer as vendas.

GENTE SABIDA

❝Quem acha vive se perdendo.❞
Noel Rosa

QUE DIA É HOJE?
★ 16 DE FEVEREIRO DE 1942 ★
VÃO ACABAR COM A PRAÇA ONZE

A praça Onze de Junho, reduto consagrado do samba carioca, sediou pela última vez os desfiles das escolas de samba do Rio de Janeiro. Arrasada para a abertura da avenida Presidente Vargas, a velha praça foi homenageada por Herivelto Martins and Grande Otelo no samba "Praça Onze", que lamenta o seu desaparecimento.

TOQUES E TAMBORES

Os atabaques dos rituais afro-brasileiros conversam o tempo inteiro. Cada toque guarda um determinado discurso, passa uma mensagem, conta alguma história. O tocador dos tambores rituais precisa conhecer o toque adequado para cada orixá (divindade dos iorubás), vodum (divindade dos fons) ou inquice (divindade dos bantos). Se o drama representado pela dança de um orixá se refere ao combate, o toque é de um jeito – em geral com características marciais. Se a ideia é contar através da dança sacra uma passagem de paz, o toque é de outro. Há toques para expressar conquistas, alegrias, tristezas, cansaço, realeza, harmonia, suavidade e conflitos.

Um *xirê*, a festa de candomblé, é o momento em que os orixás baixam nos corpos das iaôs, como são chamadas as iniciadas no culto, para representar – através da dança, dos trajes e emblemas – passagens de suas trajetórias míticas. Através da representação dramática, a comunidade se recorda do mito e dele tira um determinado modelo de conduta. As danças, ao contar histórias protagonizadas pelos orixás, servem de exemplo para os membros do grupo. Em suma, ritualiza-se o mito em música, coreografia, crença e arte, para que ele continue vivo para a comunidade, cumprindo assim sua função modelar.

Apenas a título de ilustração, podemos citar alguns toques mais famosos. Nos terreiros de Ketu (tradição iorubá), o toque característico de Ogum é o adarrum e

se caracteriza pela rapidez e pelo ritmo contínuo, capaz de evocar o caráter marcial do orixá guerreiro e propiciar o transe. O agueré, consagrado a Oxóssi, mistura cadência e rapidez, ao mesmo tempo que evoca a astúcia do caçador que conhece os atalhos da floresta.

O ilú de Iansã (o popular "quebra-pratos") é muito rápido e repicado, representando a agitação da senhora dos ventos, controladora de relâmpagos e tempestades. O alujá de Xangô é vigoroso e se caracteriza pelo constante dobrar do rum, o maior dos tambores, simbolizando os trovões que o grande orixá comanda.

Nanã, anciã de dança lenta, tem como toque marcante o sató, que evoca o peso dos tempos e o caráter venerável da iabá mais velha. O opanijé de Omolu é um toque quebrado por pausas e pela lentidão solene, como a evocar os mistérios do orixá. A vamunha é uma marcha rápida, tocada geralmente para a entrada e a saída das iaôs e para a retirada dos orixás no final da festa. Convida, em sua empolgação, para aclamações dos presentes.

O igbin, toque consagrado a Oxalufã, se caracteriza pela lentidão e pelo desenvolvimento contínuo do ritmo. Evoca o lento caminhar do caramujo que carrega sua própria casa, como Oxalufã carrega o peso do mundo. O ijexá, preferencialmente tocado para Oxum e Logunedé, evoca a suavidade dos banhos de rio e dos ritos de sedução típicos desses orixás.

Vários outros toques obedecem a este mesmo critério descritivo, como o adabi de Exu, o korin-ewe de Ossain e o bravum que embala o bailado rasteiro de Oxumaré.

Já nas casas de Angola, o repertório dos atabaques se estrutura em torno de três ritmos basilares: barravento, cabula e congo. Cada um deles apresenta variações, como é o caso da muzenza (provavelmente o toque mais famoso) em relação ao barravento. Os toques de Angola são mais soltos. Inquices, orixás e caboclos podem ser evocados por qualquer um dos toques básicos e suas variações.

As influências rítmicas da cabula, do barravento e do congo se fazem sentir com mais evidência em uma série de ritmos profanos da música brasileira, sobretudo vinculados ao tronco do samba e suas variações. São marcantes também na prática da capoeira.

CURIOSIDADE

Os atabaques, em geral, são feitos em madeira e aros de ferro que sustentam o couro. Nos terreiros de candomblé é costume chamar os três atabaques utilizados de rum, rumpi e lé. O rum, o maior de todos, possui o registro grave; o rumpi, o do meio, possui o registro médio; o lé, o menorzinho, possui o registro agudo.

Para auxiliar os tambores, utiliza-se um agogô ou gã; em algumas casas tocam-se também cabaças e afoxés.

Não é qualquer pessoa que pode chegar numa roda de santo e meter a mão no couro. A autorização demanda iniciação ritual, tempo, recolhimento e consagração. Nas casas de culto ketu, os tocadores de atabaque têm o título de ogãs alabês; os jejes chamam os tocadores de runtós; já os seguidores dos ritos de angola denominam os músicos de xicarangomos.

O termo "alabê" vem provavelmente de *alagbe* – o dono da cabaça; "runtó" deriva da língua fongbé, dos vocábulos *houn* (tambor) e *tó* (pai), formando o sentido de pai do tambor; já "xicarangomo", segundo o mestre Nei Lopes, vem do quicongo *nsika* (tocador) + *ngoma* (tambor) = o tocador de tambor.

FÉ NO CARNAVAL

Ijexá é um toque apresentado nos terreiros somente com as mãos, dispensando-se o uso dos aguidavis, as baquetas de percussão. O ritmo é suave e cadenciado, emoldurando a dança dengosa e sensual de Oxum e Logunedé. O gã (agogô) acompanha sempre os atabaques, marcando o compasso. De ritmo dos terreiros, o ijexá acabou também chegando ao Carnaval, a partir da criação dos afoxés baianos – cortejos carnavalescos de adeptos do candomblé – no final do século XIX. O afoxé é o cortejo; o ritmo que emoldura o cortejo é o ijexá. A expressão "afoxé" vem do iorubá *àfose*: encantação pelo som, pela palavra. Os cubanos usam a expressão "afoché" para designar o ato de enfeitiçar alguém com o pó da magia. Ao toque do Ijexá, os antigos afoxés buscavam encantar os concorrentes, desfilando pelas ruas em formato de procissão. Uma das grandes atrações do Carnaval da Bahia continua sendo o afoxé Filhos de Gandhi, fundado em 1949 por estivadores do porto de Salvador.

GENTE SABIDA

"Eu não troco meu 'oxente' pelo 'ok' de ninguém."
Ariano Suassuna

QUE DIA É HOJE?
★ 16 DE FEVEREIRO DE 1972 ★
DIRETAMENTE DA FESTA DA UVA

Entrou no ar a primeira transmissão em cores da história da televisão brasileira. O evento transmitido foi a Festa da Uva, de Caxias do Sul, pela TV Difusora de Porto Alegre. No ano seguinte, a Rede Globo de Televisão lançou *O Bem-Amado*, a primeira telenovela produzida em cores no Brasil.

FÉ NO FUNK

O que o funk tem a ver com a fé brasileira? O gênero musical começa a se delinear na década de 1960 nos Estados Unidos, a partir de músicos negros dispostos a cruzar referências do *soul*, do *jazz* e do *rhythm and blues*. De forma resumida, o funk se caracteriza pelo ritmo de batidas repetitivas sincopado, de caráter altamente percussivo e dançante.

O Rio de Janeiro criou um funk próprio, carioca, distinto daquele que veio se estruturando nos Estados Unidos, ainda que beba na fonte dele. Misturando um caldeirão sonoro de referências da *black music*, com letras que tematizam os diversos aspectos do cotidiano nas favelas e periferias cariocas, o funk do Rio tem também, em suas vertentes, influências de batuques oriundos das rodas de samba e dos atabaques sagrados das umbandas e candomblés.

Ouvidos mais atentos podem perceber que o alujá de Xangô, ritmo rápido e contínuo tocado para o orixá do fogo, e o toque de congo, característico das casas de candomblé de Angola e da umbanda, estão potencialmente diluídos no caldeirão sonoro do tamborzão funkeiro, misturados às batidas repetitivas do rap, do *freestyle* e do *miamibass* dos sons negros norte-americanos. É como se a memória sonora da cidade, profundamente marcada pelos sons saídos da África e aqui redefinidos, gritasse a ancestralidade nos bailes que balançam o Rio de Janeiro e os corpos cariocas.

CURIOSIDADE

Na primeira década do século XXI, o *passinho* passou a se popularizar como uma nova maneira de se dançar o funk carioca. Concursos entre dançarinos, as batalhas do passinho passaram a mobilizar comunidades em torno de seus dançarinos e dançarinas. No Carnaval carioca de 1997, a Unidos do Viradouro, apresentando o enredo "Trevas, luz: a explosão do universo", trouxe como grande novidade uma batida de funk no refrão do samba-enredo, realizada pelos ritmistas da bateria do mestre Jorjão. A agremiação foi a grande vitoriosa do Carnaval daquele ano.

GENTE SABIDA

"O racismo no Brasil se caracteriza pela covardia. Ele não se assume, por isso, não tem culpa nem autocrítica."

Abdias do Nascimento

PARA SABER MAIS

A Batalha do Passinho (2013) é um documentário em que o diretor Emílio Domingos retrata as disputas entre dançarinos do funk carioca.

O jornalista Silvio Essinger apresenta um retrato do ritmo no livro *Batidão: uma história do funk* (2005).

OS REINOS
DO CATIMBÓ

O culto do Catimbó é de difícil definição. Abrange um conjunto de atividades místicas que envolvem desde a pajelança indígena até elementos do catolicismo popular, com origem no Nordeste. Tem como fundamentos principais a crença no poder da bebida sagrada da Jurema e no transe de possessão, em que os mestres trabalham tomando o corpo dos catimbozeiros.

Estes mestres, normalmente, foram pessoas que, em vida, desenvolveram habilidades no uso de ervas curativas. Encantaram-se na hora da morte e passaram a viver num dos reinos místicos do Juremá. Lá são auxiliados pelos Caboclos da Jurema, espíritos de indígenas que conheceram em vida as artes da guerra e da cura.

Os praticantes do culto consideram que Alhandra, no litoral sul da Paraíba, é a cidade que representa os reinos do Juremá na terra; onde os poderes dos Mestres da Jurema teriam sido anunciados.

CURIOSIDADE

A Jurema, sem o acento agudo, é uma bebida tirada da árvore do mesmo nome, bastante utilizada nos ritos de pajelança dos tapuias. Chegou aos catimbós, aos candomblés de caboclo, aos Xangôs do Recife e a algumas linhas da umbanda. Existem as árvores da Jurema-branca e da Jurema-preta. A bebida ritual é feita apenas com a Jurema-branca. É muito usada na linha de cura, fortalecida por cantos de evocação.

PARA SABER MAIS

O primeiro registro de imagens e áudio da Jurema sagrada foi obtido pela Missão de Pesquisas Folclóricas, idealizada por Mário de Andrade, em 1938. As imagens foram feitas no bairro da Torrelândia, em João Pessoa, Paraíba.

Em *Iracema*, de José de Alencar, a índia, em certo momento do romance, bebe a Jurema sagrada.

QUE DIA É HOJE?
★ 24 DE FEVEREIRO DE 1932 ★
O VOTO FEMININO

Nesta data, a lei do voto feminino no Brasil foi sancionada por Getulio Vargas. Ela foi resultado da luta de mulheres como Bertha Lutz, Eugênia Moreira, Alzira Soriano e Celina Viana (a fabulosa guerreira de Mossoró que se cadastrou na marra em um cartório do Rio Grande do Norte para ser eleitora em 1929, conseguiu votar e teve seu voto cassado pelo Senado). Inicialmente, apenas as mulheres casadas, com autorização dos maridos, e as viúvas e solteiras com renda própria poderiam votar. Em 1934, essas restrições foram derrubadas. A partir de 1946, o voto feminino – até então, facultativo – passou a ser obrigatório. Ao ser debatido pela primeira vez, durante a constituinte republicana de 1891, o voto feminino foi rechaçado pelos parlamentares, com o argumento de que ele era "um potencial perigo" e poderia ser um desastre para a "preservação da tradicional família brasileira".

ENCANTARIA

Em São Luís do Maranhão foram criadas duas casas matrizes do tambor de mina, religião de base afro-brasileira: a Casa Grande das Minas e a Casa de Nagô. A primeira dedica-se apenas ao culto dos voduns (entidades do antigo reino do Daomé). A Casa de Nagô deu origem a inúmeros terreiros que difundiram a encantaria pela ilha de São Luís.

Do Maranhão, o tambor de mina chegou ao Pará, travou contato com a pajelança indígena e absorveu inúmeros novos encantados ao seu panteão.

Na encantaria, ao contrário do Catimbó, o termo "caboclo" não é sinônimo de entidade ameríndia; ele costuma ser genericamente utilizado para designar entidades de variadas origens. Os caboclos, ou encantados, se reúnem em famílias, com um chefe e suas linhagens, que abrangem turcos, índios, reis, nobres, marujos, príncipes e princesas.

Os encantados não são espíritos desencarnados, mas sim mulheres, homens e crianças que não chegaram a morrer; sofreram antes a experiência do encantamento. Ocasionalmente tomam os corpos das sacerdotisas, para dançar, dar conselhos, curar doenças etc. A família mais famosa de encantados é a do Lençol. Dizem que lá, na praia dos Lençóis – em Curupupu, Maranhão – mora o rei d. Sebastião, que se encantou durante a batalha de Alcácer-Quibir, em 1578. Essa família é formada apenas por reis e fidalgos. A vinda do rei d. Sebastião ao corpo de uma sacerdotisa é muito rara, alguns falam que ocorre de sete em sete anos. Da família do Lençol fazem parte ainda, entre outros, d. Luís, o rei da França; d. Manoel, conhecido como o rei dos Mestres; a rainha Bárbara Soeira; d. Carlos, filho de d. Luís; e o famoso barão de Guaré.

Outra família famosa de encantados é a da Turquia, chefiada por um rei mouro, d. João de Barabaia, que lutou contra os cristãos. É a esta família que pertencem as irmãs Mariana, Jarina e Herondina, princesas que vêm ao mundo não apenas na forma de turcas, mas também como marinheiras, ciganas ou índias. São elas as princesas dos segredos do Brasil encantado.

CURIOSIDADE

Contam no Maranhão que d. Sebastião aparece às sextas-feiras na praia dos Lençóis, especialmente em junho, mês das festas do Bumba Meu Boi, e agosto, mês da batalha de Alcácer-Quibir. O rei passeia nas areias como um imenso touro negro, com uma estrela brilhante na testa. Se alguém atingir a estrela da testa do touro, o encanto será quebrado: o rei voltará a sua forma humana, a cidade de São Luís vai submergir e, do fundo do mar, o castelo encantado de d. Sebastião aparecerá. A lenda de touro negro foi apresentada, em 1974, no desfile da escola de samba carioca Acadêmicos do Salgueiro, em enredo proposto pelo carnavalesco Joãosinho Trinta sobre as assombrações do Maranhão. O samba, de Zé Di e Malandro, traz o refrão:

"Na praia dos Lençóis
Areia, assombração
O touro negro coroado
É d. Sebastião"

GENTE SABIDA

O mais importante e bonito do mundo é isto: que as pessoas não estão sempre iguais, mas que elas vão sempre mudando.

Guimarães Rosa

É de dar água na boca

A cozinha maranhense é das mais misturadas do Brasil. Ela sofre influência das culinárias indígena, portuguesa, africana e francesa (herança do curto tempo em que os franceses ocuparam o Maranhão, no século XVII, e fundaram a cidade de São Luís). Um dos pratos mais afamados da culinária local é o arroz de cuxá, preparado com vinagreira (conhecida também como azedinha ou caruru-azedo) e servido como acompanhamento de frutos do mar.

QUE DIA É HOJE?
★ 5 DE MARÇO DE 1953 ★
PARA NÃO ENROLAR A LÍNGUA

Da união de duas escolas de samba do morro do Salgueiro, no Rio de Janeiro – a Azul e Branco e a Depois Eu Digo –, surge a escola de samba Acadêmicos do Salgueiro. Alguns dos fundadores preferiam que o nome da agremiação fosse Catedráticos do Salgueiro. A sugestão foi afastada pelo compositor Noel Rosa de Oliveira, com o argumento sensato de que a palavra "catedrático" destroncaria a língua do pessoal do morro.

AS FACES DO GUERREIRO

O deus africano dos metais forjados, da tecnologia e das batalhas ganha diferentes expressões nas variadas linhas das religiões afro-brasileiras. Ele é Ogum para os iorubás; Nkosi-Mucumbi para os bantos; Gu ou Gun para os fons do Daomé. Ogum é um dos orixás mais populares no Brasil, sincretizado com Santo Antônio em alguns lugares (na Bahia, por exemplo) e São Jorge em outros (como no Rio de Janeiro, Pernambuco e Rio Grande do Sul). Já os baianos aproximam São Jorge de Oxóssi, o caçador de uma só flecha.

Não custa lembrar que o sincretismo é fenômeno de mão dupla, vem de negros e brancos, tem influências ameríndias, pode ser entendido como estratégia de resistência e controle – com variável complexa de nuances – e como fenômeno de fé. A incorporação de deuses e crenças do outro é vista por muitos povos como acréscimo de força vital, e não diluição dela ou estratégia pensada friamente.

Ogum ocupa, na mitologia dos iorubás, a função do herói civilizador e senhor das tecnologias. Foi ele, por exemplo, que ensinou o segredo do ferro aos orixás e mostrou a Oxaguiã como fazer a enxada, a foice, a pá, o enxadão, o ancinho, o rastelo e o arado. Desta maneira, permitiu que o cultivo em larga escala do inhame salvasse da fome o povo de Ejigbô. Em agradecimento ao ferreiro, Oxaguiã passou a usar em seu *axó funfun*, a roupa branca da corte de Obatalá, um laço azul: a cor de Ogum nos candomblés de Ketu.

Na diáspora, especialmente no Brasil e em Cuba, a face mais marcante do orixá – a do ferreiro, patrono da agricultura, inventor do arado, desligado de bens materiais, senhor das tecnologias que mataram a fome do povo e permitiram a recriação de mundos como arte – praticamente desapareceu.

A agricultura nas Américas ficou, afinal, diretamente ligada aos horrores da escravidão. Como querer que um escravo, submetido ao cativeiro e aos rigores da lavoura, louvasse os instrumentos do cultivo como dádiva? Ogum foi perdendo, então, o perfil fundamental de herói civilizador e seu culto entre nós, cada vez mais ligado apenas aos mitos do guerreiro. Ogum é o general e esse perfil militar se reflete nas maneiras como foi sincretizado.

A aproximação de Ogum com Santo Antônio é facilmente explicável. O santo católico aparece inúmeras vezes em episódios na História do Brasil produzindo milagres durante batalhas. A título de exemplos, em 1640, na Ilha de Boipeba, na Bahia, ele teria ajudado a expulsar invasores estrangeiros. E, em 1710, durante a invasão de Duclerc ao Rio de Janeiro, teria auxiliado os cariocas a lutar contra os piratas franceses e foi empossado, em cerimônia feita frente a uma imagem, como secretário de Segurança da cidade.

Em virtude de epsódios desse tipo, Santo Antônio recebeu a patente de oficial do Exército na Paraíba, Pernambuco, Bahia, Espírito Santo, Goiás, São Paulo, Rio de Janeiro e Minas Gerais, ganhando soldo correspondente, que era destinado a conventos franciscanos.

O sincretismo com São Jorge deriva certamente do perfil guerreiro atribuído ao santo da Capadócia.

CURIOSIDADE

Nos terreiros de umbanda afirma-se que Ogum teria lutado na Guerra do Paraguai (1864–1870) ao lado das tropas brasileiras, compostas por grande contingente de negros. Vários pontos, como as cantigas rituais são chamadas, citam a presença de Ogum nos campos do Humaitá, fortaleza paraguaia que foi um dos cenários mais importantes do desenrolar da guerra:

> "Bandeira branca de Ogum/ Está içada no Humaitá/ Representando o general de umbanda/ Ogum vence demanda em qualquer lugar".

QUE DIA É HOJE?
★ 14 DE MARÇO DE 1914 ★
ABDIAS, UM LUTADOR

Nasceu em Franca, São Paulo, o ator, poeta, dramaturgo, professor e político Abdias Nascimento. Foi fundador do Teatro Experimental do Negro, do Museu de Arte Negra e do Instituto de Pesquisas e Estudos Afro-Brasileiros (Ipeafro). Ativista dos direitos civis dos afrodescendentes, participou de inúmeros movimentos nacionais e internacionais em defesa da causa que abraçou com bravura.

… ALMANAQUE BRASILIDADES ☀ FÉ E FESTA

O AXÉ DAS COMIDAS DE SANTO

O ato de dividir alimentos com as divindades está presente em várias culturas e é parte constitutiva de importantes religiões. Ele manifesta-se no Brasil com especial força nos candomblés. Tal prática, um dos fundamentos litúrgicos mais significativos do culto aos orixás, há muito ultrapassou os limites dos terreiros rituais e rompeu as fronteiras entre o sagrado e o profano – que para essas religiosidades não são dimensões antagônicas. A comida de santo chegou às mesas com força suficiente para marcar a nossa culinária cotidiana e temperar de sabores a cozinha brasileira.

Uma lista simples com pratos e temperos ofertados aos orixás pode exemplificar melhor esse movimento: abará, caruru, pipoca, canjica branca, axoxô (prato feito com milho vermelho e lascas de coco), feijoada, acaçá, omolokum (iguaria preparada com feijão-fradinho e ovos), acarajé, farofa, inhame, dendê, cará, pimenta, camarão seco, mel de abelhas, frutas diversas.

Para compreender melhor a importância dos alimentos nos rituais, é necessário entender o significado do axé para os seus praticantes. O axé é a energia vital que está presente em todas as coisas e pessoas. Para que tudo funcione a contento, a energia do axé deve ser constantemente potencializada. Nada acontece sem a reposição da energia, em um mundo dinâmico e sujeito a constantes modificações. Uma das formas mais eficazes de dinamizar o axé em benefício de nossas vidas é dando comida às divindades que, por sua vez, retribuem a oferenda propiciando benefícios aos que ofertaram.

Cada divindade tem suas características, que em larga medida se expressam na personalidade de cada um de nós, os seus filhos, e encontram correspondência nos elementos da natureza, como o vento, o fogo, a água, a terra. Nesse contexto, um alimento que dinamiza a energia de um orixá pode, ao mesmo tempo, representar a perda de energia se for oferecido a outro.

CURIOSIDADE

A cozinha em que os alimentos são preparados é um espaço ritual da maior relevância, minuciosamente sacralizado. Não são apenas os objetos utilizados – normalmente separados para preparar apenas as comidas de santo – que marcam essa sacralidade. A faca ou a colher de pau que caem no chão durante o preparo, a louça que quebra e o sal involuntariamente derramado são sinais que indicam os rumos da preparação das comidas, capazes de determinar que tudo deve ser refeito em bases diferentes. Em uma religião em que o saber é transmitido oralmente, a cozinha é também um espaço para a contação de histórias, a lembrança dos mitos e a disseminação das lições de ancestralidade. Como o candomblé é uma religião iniciática e baseada na hierarquia, a preparação da comida deve ficar a cargo de uma sacerdotisa preparada especialmente para essa função, a Iabassê (a matriarca que cozinha). Tal cargo é exclusivamente feminino. Cabe a essa sacerdotisa conhecer as técnicas de preparo de cada comida, saber os alimentos certos para cada orixá e os alimentos vetados.

QUE DIA É HOJE?
★ 21 DE MARÇO DE 1960 ★
LUTA CONTRA A DISCRIMINAÇÃO RACIAL

Em Joanesburgo, África do Sul, 20 mil pessoas protestaram contra a lei que obrigava a população negra a portar um cartão estabelecendo os lugares em que sua circulação era permitida. A polícia do Apartheid abriu fogo contra a multidão, matando 69 pessoas e ferindo 186. Em virtude deste episódio, que ficou conhecido como o Massacre de Sharpeville, a Organização das Nações Unidas estabeleceu o 21 de março como Dia Internacional de Luta Contra a Discriminação Racial. A legislação do Brasil, último país livre das Américas a abolir a escravidão, estabelece, pela Constituição de 1988, que a prática do racismo é crime inafiançável e imprescritível. Anteriormente, a Lei Afonso Arinos, de 1951, classificava o racismo como contravenção penal.

A BOCA QUE TUDO COME

Uma das questões mais interessantes nos estudos sobre as religiões afro-brasileiras e as comidas de santo é a investigação sobre as maneiras como, no Brasil, a culinária religiosa de base africana se adaptou, se transformou e se apropriou dos sabores locais, adequando os mesmos aos fundamentos da cozinha sagrada. O jogo é de mão dupla: receitas de comidas sagradas saíram das mesas rituais para as mesas de nossas casas e restaurantes. Receitas saídas do nosso cotidiano, por sua vez, chegaram, dotadas de novos sentidos e significados, às cozinhas dos terreiros.

A feijoada é exemplar neste caso. Historiadores da culinária indicam que a tradição de pratos que misturam tipos diferentes de carnes, legumes e verduras é milenar. O cozido português e o *cassoulet* francês partem deste mesmo fundamento de preparo. O feijão preto, por sua vez, é originário da América do Sul. De uso bastante conhecido, por exemplo, pelos guaranis, seu cultivo disseminou-se pela África e Ásia a partir dos navegadores europeus que chegaram ao Novo Mundo. A farinha de mandioca também é de origem americana e fez percurso similar.

Controvérsias à parte, o fato é que a feijoada desenvolveu-se no Brasil como um prato cotidiano que chegou aos terreiros e passou a ser ofertado a Ogum, divindade do ferro, da guerra e das tecnologias. A feijoada de Ogum é normalmente acompanhada de cerveja, bebida vinculada ao orixá.

Não há, portanto, como se tentar estabelecer uma fronteira rígida entre o sagrado e o profano que não seja constantemente reelaborada e readequada pelos contatos entre os povos e as circunstâncias de suas histórias. Os adeptos do candomblé, afinal, costumam dizer que Exu, o orixá do movimento, é o senhor da boca que tudo come. Qualquer alimento humano pode ser, mediante a evocação por gestos e palavras, consagrado e ofertado a ele.

Na mesa de santo, o profano pode ser sacralizado como dinâmica que potencializa e redefine tradição, sem negá-la, e permite que os cultos afro-brasileiros continuem profundamente vivos entre nós. Qualquer alimento pode ser portador do axé – desde que preparado por mãos sábias e oferecido às bocas certas.

CURIOSIDADE

Cereal hoje cultivado em boa parte do mundo, o milho tem, segundo especialistas, origem americana. Inúmeros povos nativos da América – como os astecas, toltecas, maias – atribuíam ao milho origem divina. Os mitos envolvendo o milho o vinculam diretamente à própria criação dos homens. Ao circular pelo mundo, o milho americano foi apropriado por inúmeras culturas e sacralizado por muitas delas. Ele é hoje base de alimentos importantíssimos da culinária dos candomblés. Está presente no axoxô de Oxóssi, na pipoca de Obaluaiê, na canjica de Oxalá, nos alimentos de Ossain, entre outros.

❧ É de dar água na boca ❧

Uma das iguarias mais apreciadas da culinária afro-brasileira é o omolocum, prato oferecido a Oxum, orixá das águas doces e dos poderes da fertilidade. O omolocum é feito geralmente com feijão-fradinho cozido, refogado com cebola ralada, pó de camarão seco, azeite de dendê e sal. É servido com ovos cozidos descascados e inteiros. Simbolicamente, os grãos de feijão-fradinho representam os óvulos femininos e atraem a fertilidade e a saúde para os órgãos do aparelho reprodutor das mulheres.

QUE DIA É HOJE?
★ 24 DE MARÇO DE 1823 ★
FLORIANÓPOLIS

A Ilha do Desterro foi elevada à categoria de cidade, passando a ser capital da província de Santa Catarina. Em 1891, o marechal Floriano Peixoto assumiu a Presidência, após a renúncia de Deodoro da Fonseca, e foi acusado de violação das normas constitucionais. Centenas de catarinenses rebelaram-se exigindo a sua renúncia e a convocação de eleições imediatas. O movimento foi debelado pelas forças leais ao marechal. Os partidários de Floriano, por essa razão, deram à cidade o nome de Florianópolis. Os líderes da revolta contra o presidente foram fuzilados na Fortaleza de Santa Cruz de Anhatomirim.

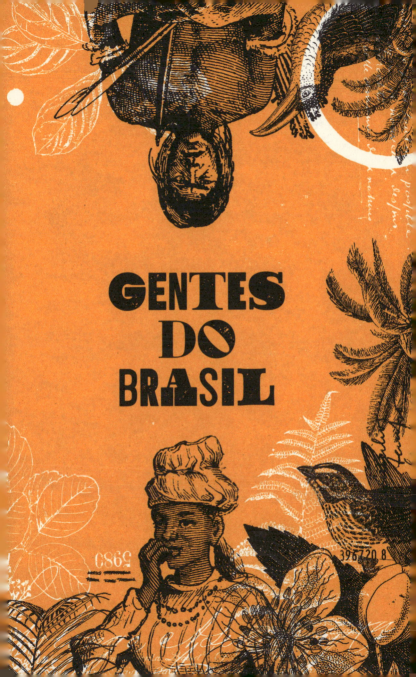

O ABC DE JESUÍNO BRILHANTE

Nascido no Rio Grande do Norte, em 1844, Jesuíno Brilhante era um modesto agricultor. Dele, conta-se que certo dia, por uma questão de terra, foi gratuitamente agredido por afilhados de um poderoso político local. Indignado, formou um bando e saiu pelos sertões para viver a sina e a sorte do cangaço. Protagonizou aventuras formidáveis, pautando sua atuação por um código de ética capaz de ruborizar um cavaleiro da távola redonda.

Dizia-se um paladino da causa dos miseráveis, das mulheres exploradas, das crianças agredidas e dos velhos esquecidos. Conta-se que quando chegava com seu pessoal em alguma cidade mandava reunir o povo na praça e estabelecia um código de conduta. Maridos não poderiam bater nas mulheres, pais não poderiam bater nas crianças e velhos deveriam receber tratamento especial.

ALMANAQUE BRASILIDADES ❀ GENTES DO BRASIL

Assaltava os cofres das prefeituras e mandava distribuir o dinheiro entre os mais necessitados. Ao contrário de outros cangaceiros, como Lampião, não consta que tenha feito qualquer tipo de acordo com latifundiários e políticos, que considerava inimigos do povo.

O imaginário popular registra que ele tinha o corpo fechado pelas mandingas de uma velha índia. Dizem que em certa feita, cercado pela polícia na cidade do Martins, Rio Grande do Norte, rompeu o cerco cantando um ponto de encantaria que o fez desaparecer, transformado em coruja, diante de incrédulos homens da lei.

Adorava invadir cadeias, libertar os presos e prender as autoridades. Em Pombal, Pernambuco, tomou o xadrez onde o irmão estava preso e botou no xilindró o prefeito, o juiz, o delegado e o vigário. A população, em delírio, aclamou Jesuíno Brilhante, que ordenou a realização de três dias de festas.

Durante a seca de 1877, a famosa "seca dos dois setes", Brilhante mandou interceptar os comboios oficiais, que vergonhosamente se destinavam apenas ao abastecimento das fazendas, e distribuiu os alimentos entre os miseráveis e famintos. Não há registros de que tenha cometido nessas ações um único homicídio ou exigido dinheiro de alguém.

Aos 35 anos de idade, foi assassinado numa emboscada na região das Águas do Riacho de Porcos, em Brejo do Cruz, na Paraíba. Teve o crânio exumado e exposto na Escola Normal de Mossoró durante anos. Apesar da morte cruel, Jesuíno Brilhante permanece vivo em inúmeros relatos de cordéis e desafios de violeiros.

GENTE SABIDA

66 Haja hoje para tanto ontem. 99
Paulo Leminski

QUE DIA É HOJE?
★ 27 DE MARÇO DE 1987 ★
DIA NACIONAL DO GRAFITE

O etíope de origem italiana Alex Vallauri foi pioneiro da arte do grafite no Brasil, para onde veio com a família aos 16 anos de idade. Além de usar como suportes para seus desenhos os muros urbanos, sobretudo de Santos e São Paulo, Alex estampou camisetas, bottons e adesivos, dentro de uma perspectiva de trabalho que chamava de "arte para todos". Por causa da importância de Alex para a história da arte urbana brasileira, o dia 27 de março, data de sua morte, no ano de 1987, passou a ser considerado o Dia Nacional do Grafite.

ALMANAQUE BRASILIDADES ✺ GENTES DO BRASIL

NASCIMENTO GRANDE

A descrição que Luís da Câmara Cascudo faz de Nascimento Grande, no *Dicionário do folclore brasileiro*, impressiona:

"De alta estatura, corpulento, chegando aos 130 quilos, morenão, bigodes longos, muito cortês e maneiroso, usava invariável chapelão desabado, capa de borracha dobrada no braço e a célebre bengala de 15 quilos, manejada como se pesasse 15 gramas e que ele chamava a volta. Uma bengalada derribava um homem, duas desacordavam e três matavam".

José Antônio do Nascimento era o mais afamado valente do Recife na entrada do século XX. Trabalhava na estiva e, segundo relatos, levantava cargas capazes de derrubar até os mais fortes.

Reza a tradição popular que nunca implicou com ninguém. Jamais provocou uma pancadaria. De conduta ilibada, versado nos segredos do jogo de Angola, só saía no braço em legítima defesa. Como era uma forta-

‹ 90 ›

leza, costumava ser desafiado por malandros e grandes mestres de capoeira, que sabiam da fama reservada a alguém que conseguisse derrubá-lo. Nunca aconteceu.

Todos os que conheceram Nascimento Grande falam dele como um gentil-homem, alma de passarinho naquele corpanzil todo. Chorava capibaribes de lágrimas quando ouvia alguma história de maus--tratos a crianças.

O último dos valentes, sabedor dos mistérios da ginga, tinha o coração do tamanho da praia da Boa Viagem e vive ainda, como o mito que superou a História, nas chulas de capoeira e nos gemidos dos urucongos.

CURIOSIDADE

Contam-se inúmeras histórias desse gigante, reunidas no cordel *Vida de Nascimento Grande, o homem do pulso de ferro*, de João Martins de Athayde. A mais famosa se refere a um ataque que sofreu em Vitória de Santo Antão, de um bandido chamado Corre-Hoje, que o teria atacado com o auxílio de sete comparsas. Nascimento Grande bateu nos sete e matou o Corre-Hoje. Diante do pânico dos que assistiam à cena, Nascimento Grande colocou o corpo do meliante em um banco e velou, rezando contrito, a alma do morto até a chegada da polícia. Exigiu que Corre-Hoje tivesse um velório cristão.

Certa feita, foi provocado pelo valente Pajéu, capo-eirista e dado a bater em mulher – coisa que Nascimento Grande não admitia. Pois o tal do Pajéu apanhou mais do que boi ladrão. Não contente com a coça, Nascimento Grande obrigou o sujeito a colocar uma saia de mulher e desfilar pelas ruas do Recife antigo.

GENTE SABIDA

66Capoeira é tudo que a boca come. Seu princípio não tem método, seu fim é inconcebível ao mais sábio dos mestres.99

Mestre Pastinha

QUE DIA É HOJE?
★ 1º DE ABRIL ★
DIA DA MENTIRA

Não se sabe exatamente como o primeiro dia de abril passou a ser consagrado como o Dia da Mentira. Alguns dizem que tudo começou quando o calendário gregoriano, estabelecido pelo papa Gregório XIII em 1582, alterou oficialmente a data do ano-novo para 1º de janeiro, retomando a proposta do calendário elaborado por Júlio César em Roma. Em vários lugares da

Europa, a data proposta pelo calendário juliano fora desprezada e era comum que os festejos do início do ano fossem realizados no equinócio de primavera, entre 20 e 21 de março, e se estendessem até o dia 31. Por equívoco ou birra com a data confirmada pelo calendário gregoriano, muitos europeus continuaram comemorando a passagem do ano na data antiga. Viria daí o mote para os trotes de 1º de abril, o falso primeiro dia do ano. Há quem atribua a data a um antigo hábito romano, lembrando que em Roma eram comuns os trotes dados durante o equinócio de primavera.

SABINA DAS LARANJAS

Sabina era uma quitandeira famosa, provavelmente ex-escrava, que trabalhava nas ruas do Rio de Janeiro nos idos de 1889, ano em que a Monarquia foi derrubada e o Brasil virou República, no golpe de 15 de novembro.

Pouco antes da queda de d. Pedro II, mais precisamente em julho, os estudantes de medicina – republicanos até os ossos e principais clientes das laranjas da Sabina – resolveram alvejar com as frutas do tabuleiro da vendedora a carruagem do visconde de Ouro Preto, figura imponente do Império, que cruzou a frente da escola. Na manhã seguinte, o subdelegado da região chegou com policiais e, aos berros, expulsou Sabina do ponto, além de apreender seu tabuleiro e levar as laranjas sabe-se lá para onde.

Os jovens clientes de Sabina resolveram, então, armar um protesto pacífico. Percorreram o centro da cidade com laranjas espetadas em bengalas e receberam impressionante adesão da população carioca. A marcha era precedida por um estandarte com uma coroa feita com bananas e leguminosas e uma faixa em homenagem ao homem da lei: "Ao exterminador das laranjas".

Em pouco tempo, as ruas do centro estavam tomadas por uma passeata repleta de laranjas, bananas, maçãs e hortifrutigranjeiros em geral. Fez-se um Carnaval fora de época nas esquinas do Rio. Os rebeldes saíram do Largo da Misericórdia, percorreram a Primeiro de Março e, ao entrar na rua do Ouvidor, saudaram as redações dos principais jornais cariocas e receberam mais adesões e vivas entusiasmados.

Diante da reação popular causada pela remoção da quitandeira mais famosa da cidade, o subdelegado pediu demissão, e a polícia permitiu que a quitanda de rua voltasse a funcionar no mesmo local.

CURIOSIDADE

A história de Sabina virou lenda – uns dizem até que a punida não foi ela, mas outra vendedora de sua quitanda, de nome Geralda. Mas isso não importa. Sabina estava imortalizada pela cultura das ruas cariocas.

Em 1890, logo depois da queda do Império, os irmãos Artur e Aluísio Azevedo popularizaram Sabina na revista teatral *A República*. O curioso – e revelador de uma época em que o racismo estrutural brasileiro, ainda muito forte, era mais explícito e quase não havia atrizes negras – é que a artista que representou Sabina no teatro era uma grega chamada Ana Menarezzi.

A canção "As laranjas de Sabina", composta para o espetáculo dos Azevedo, acabou sendo, segundo o pesquisador José Ramos Tinhorão, uma das primeiras em que a palavra "mulata" apareceu na história da música brasileira. Eis o trechinho garboso:

"Os rapazes arranjaram
Uma grande passeata
Deste modo provaram
Quanto gostam da mulata, ai..."

QUE DIA É HOJE?
★ 8 DE ABRIL DE 2010 ★
DIA NACIONAL DO SISTEMA BRAILLE

É sancionada a lei que cria no Brasil o Dia Nacional do Sistema Braille. Criado em 1825, na França, por Louis Braille, que tinha perdido a visão aos 3 anos de idade. Trata-se de um sistema baseado em códigos de alto relevo que representam as letras do alfabeto, os números, os pontos, o sistema aritmético etc. O dia escolhido no Brasil para a comemoração é uma homenagem ao professor José Álvares de Azevedo. Nascido cego, em 8 de abril de 1834, Azevedo foi enviado ainda jovem à Europa para estudar no Instituto Real dos Jovens Cegos, em Paris. Voltando ao Brasil, se dedicou à difusão do Sistema Braille e fundou o Imperial Instituto dos Meninos Cegos, atual Instituto Benjamin Constant, no Rio de Janeiro.

RONDON, O DESBRAVADOR

Mato-grossense de Mimoso, nascido em 5 de maio de 1865, Cândido Mariano da Silva Rondon, em suas dezenas de expedições pelo país, demarcou fronteiras, mapeou doze rios e corrigiu o traçado de outros tantos. Construiu mais de 5.500 metros de linhas telegráficas, como a que ligou Cuiabá a Santo Antônio do Madeira – a primeira a penetrar a região amazônica, liderando a chamada Comissão Rondon, a partir de 1907.

Entre 1913 e 1914 participou da expedição científica Roosevelt-Rondon, percorrendo o território do Mato Grosso ao lado do ex-presidente americano Theodore Roosevelt. Entrou em contato com inúmeros povos indígenas, como os nhambiquaras, karipunas, macurapes, jarus, botocudos e caingangues. Foi um dos articuladores e diretor do Serviço de Proteção ao Índio e elaborou a proposta de criação do Parque Nacional Indígena do Xingu, tarefa levada adiante pelos irmãos Villas-Bôas.

Rondon tinha hábitos rigorosamente espartanos. Dormia menos de cinco horas por noite e acordava antes das 4h da manhã. Invariavelmente, em suas missões de sertanista, tomava banho de rio antes do nascer do sol. Em 1913, foi atingido por uma flecha envenenada dos índios nhambiquaras. Salvo pela bandoleira de couro de sua arma, bateu em retirada, ordenando a seus comandados que não entrassem em confronto com os índios e não reagissem a qualquer agressão.

CURIOSIDADE

O marechal Rondon recebeu reconhecimento mundial pelo seu papel de desbravador. Foi indicado ao prêmio Nobel da Paz por ninguém menos que Albert Einstein, em 1925, e pelo Explorers Club de Nova York, na década de 1950. Seu nome está gravado em ouro no Livro da Sociedade de Geografia de Nova York como o explorador que penetrou mais profundamente em terras tropicais.

Em 17 de fevereiro de 1956, o Território Federal do Guaporé, criado em 1943 a partir do desmembramento de áreas do Amazonas e do Mato Grosso, passou a se chamar Rondônia. O sertanista Orlando Villa-Bôas costumava definir de forma simples e incisiva a importância do desbravador. Para ele, se não fosse o marechal Rondon, a população indígena do Brasil estaria extinta.

GILBERTO FREYRE E A SOCIOLOGIA DO DOCE

Dos livros de Gilberto Freyre, antropólogo pernambucano crucial para a construção das ciências sociais no Brasil, não há dúvida sobre a importância seminal de *Casa-grande & senzala* (1933). Falar isso é chover no molhado.

Acontece que a produção de Freyre vai muito além de seu livro mais famoso. Dono de uma obra extensa, polêmica – ao fazer o elogio da mestiçagem, Freyre propõe uma leitura cordial do processo que em larga medida abranda a violência brutal da formação social brasileira – e incontornável, ele escreveu, por exemplo, uma pequena joia pouco divulgada e capaz de despertar os apetites mais vorazes: *Açúcar, uma sociologia do doce*, com receitas de bolos e doces do Nordeste do Brasil. O livro teve apenas três edições, em 1939, 1968 e 1997.

Freyre redigiu *Açúcar* no final da década de 1930, com material que começou a recolher para produzir *Casa-grande & senzala*. Talvez tenha feito aí a primeira obra que encara a culinária brasileira como uma síntese de paladares e culturas. Africanos, ameríndios, portugueses, mouros, judeus e árabes teriam moldado a nossa culinária, vigorosamente ligada ao açúcar e derivados. É ela, ao lado do futebol, da arquitetura, da música e dos gestos, um dos elementos que confere a singularidade da cultura brasileira.

Nos anexos à obra, Freyre publicou fabulosas receitas de doces, bolos e sorvetes pesquisadas em cadernos dos tempos da Colônia, do Império e da Velha República; heranças de famílias. Eram tempos sem a preocupação com a magreza, o controle do colesterol e quejandos. Comia-se sem culpa. Freyre apresenta até receitas de doces e bolos recolhidas em Goa, a Índia portuguesa. Vejam uma lista com alguns dos bolos e doces cujas receitas o antropólogo transcreveu (os nomes são também deliciosos): bolo cabano; bolo Cavalcanti; bolo dr. Constâncio; bolo Fonseca Ramos; bolo toalha felpuda; beijos de dondon; bolo dos namorados; bolo manuê; bolo de amor; bolo Luís Felipe; bolo espirradeira; bolo de ouro e prata; sequilhos de manteiga; tigelinhas douradas; bolo de milho seco; broa de midubi; bolinhos de milho pau-d'alho; bolo de milho Dona Sinhá; bolinhos de goma à moda do dr. Gerôncio; bolo de rolo pernambucano; suspiros de Noruega; colchão de noiva; argolinhas de amor; ciúmes; bolinhos de Iaiá; bolo Senhora Condessa; sonhos de cará; pudim de cará; pudim de milho verde; manuê de cará; sonhos de freira; arrufos de Sinhá; mimos; pudins de amor; beijos de Dona Aninha.

É de dar água na boca

Três receitas registradas por Gilberto Freyre:

Beijos de cabocla à moda do Engenho Noruega

De 1 coco bem ralado tira-se bem o leite, 200g de açúcar em ponto de fio e depois de fria a calda, 50g de manteiga sem sal, 30g de farinha de trigo, 1 ovo com clara e 2 gemas batidas levemente. Junta-se a isto o leite de coco, mistura-se tudo muito bem e leva-se a assar em forminhas, em forno regular. Depois de tudo frio, despeja-se sobre os pratos, tendo o cuidado de não pôr um por cima do outro.

Tigelinhas douradas

Com 10 gemas, 1 coco ralado, açúcar a gosto, duas colheres bem cheias (100g) de manteiga. Forminhas untadas com manteiga. Forno quente. Tira-se com muito cuidado da fôrma porque é bolo muito dengoso.

Bolo toalha felpuda
Com 9 ovos (5 com gemas), 250g de açúcar, 250g de farinha de trigo, 500g de manteiga. Bate-se tudo muito bem e leva-se ao forno numa folha de flandes untada com manteiga. Forno regular. Depois de assado, cobre-se com suspiro e polvilha-se com coco ralado. Vai ao sol para enxugar.

MOMO: O FILHO DA NOITE E DO SONO

Momo, o Filho da Noite, é um deus da mitologia grega que se transformou em personagem brasileiríssimo. Em algumas versões – como em Hesíodo e Luciano de Samósata, dois sabichões da Antiguidade – a divindade seria feminina. Chegado numa galhofa, atazanou a paciência dos outros deuses até conseguir ser expulso do Olimpo pelo próprio Zeus.

Na Roma antiga, à época das saturnálias (festa marcada, como o nosso Carnaval, por ritos de inversão social), escolhia-se alguém para representar Momo. O eleito dava ordens, comia, brincava e se embebedava. No final do furdunço, completamente de porre, o Momo da vez era sacrificado.

Entre os brasileiros, a tradição de um rei Momo soberano do Carnaval surgiu na década de 1930 e é carioca. Repórteres gaiatos do jornal *A Noite* escolheram

Francisco Moraes Cardoso, um cronista de turfe, para personificar o monarca. Dotado de apetite insaciável, Cardoso exerceu a função até o fim da vida, em 1948, e o rei Momo passou a ser escolhido por concurso.

GENTE SABIDA

> Custei a compreender que a fantasia é um troço que o cara tira no Carnaval e usa nos outros dias por toda a vida.
> *Aldir Blanc*

RUI BARBOSA, A MÚSICA POPULAR E O FUTEBOL

O advogado baiano Rui Barbosa foi um inimigo mortal da música popular brasileira, considerada pelo tribuno coisa de gente grosseira e desqualificada. É famoso o discurso em que o jurista desancou, no Senado Federal, a maestrina e compositora Chiquinha Gonzaga, classificando o Corta-Jaca como um ritmo de uma gentalha inimiga dos valores da civilização.

O homem não topava também com jogadores de futebol. Em 1916, o Brasil foi disputar o 1 Campeonato Sul-Americano, na Argentina. Estava tudo certo para que o escrete fosse a Buenos Aires no navio Júpiter. O problema é que no mesmo navio iria a comitiva diplomática do Brasil para as comemorações do centenário da independência argentina. O chefe da comitiva era ele mesmo, o conselheiro Rui Barbosa. Ao saber que os diplomatas viajariam no navio dos jogadores de futebol, foi categórico: com jogadores de futebol ele não viajaria em hipótese alguma. Rui declarou considerar o esporte bretão uma atividade de desocupados. Nem mesmo o argumento de que o time era formado por estudantes, comerciantes e profissionais liberais de boas famílias convenceu o conselheiro. Diante da intransigência de Rui, os jogadores brasileiros tiveram que ir disputar o certame de trem.

CURIOSIDADE

Uma história que marcou Rui Barbosa foi a da peleja jurídica travada contra o advogado sergipano Gumercindo Bessa. Os dois envolveram-se num debate sobre a região amazônica do Acre, logo após a incorporação do território pelo Brasil, firmada no Tratado de Petrópolis de 1903.

Rui era a favor da incorporação do Acre ao estado do Amazonas, enquanto Gumercindo Bessa defendia a elevação do Acre a território federal, desvinculado administrativamente do Amazonas. Foi uma disputa lendária entre dois mitos do direito brasileiro. Os argumentos de Bessa foram expostos durante horas e horas de falatório, com uma eloquência surpreendente. O sergipano levou a melhor, numa das poucas derrotas de Rui numa querela jurídica.

ALMANAQUE BRASILIDADES ☀ GENTES DO BRASIL

Dizem que logo depois do duelo Rui *versus* Bessa, em uma conversa com um correligionário que lhe fazia os pedidos mais absurdos com os argumentos mais convincentes, o presidente Rodrigues Alves saiu-se com uma tirada das boas: "O senhor tem mesmo argumentos a Bessa". A expressão se popularizou e passou a significar, segundo o dicionário Houaiss, "em grande quantidade", com o "ss" substituídos pelo "ç" e o "b" minúsculo, tendo acrescida a crase.

ACONTECEU NESSE DIA
★ 15 DE ABRIL DE 1839 ★
QUE PAREM A ESCRAVIDÃO

Nasceu em Aracati, Ceará, Francisco José do Nascimento. Jangadeiro, Francisco se engajou na luta pela abolição da escravatura. Em 1881, liderou um movimento de jangadeiros que se recusaram a transportar para os navios negreiros as pessoas escravizadas vendidas para o sul do país. O gesto teve grande repercussão e acabou até inspirando um desenho do famoso ilustrador Angelo Agostini para uma capa da *Revista Illustrada*. Na frase abaixo do desenho, Agostini escreveu: "À testa dos jangadeiros cearenses, Nascimento impede o tráfico de escravos na província do Ceará". Pelo ato, Francisco acabou sendo convidado pelos abolicionistas a visitar a Corte. Foi recebido como herói nas ruas do Rio de Janeiro e passou a ser conhecido como "O Dragão do Mar". Em 1884, quatro anos antes da Lei Áurea, o Ceará se tornou a na primeira província brasileira a acabar com a escravidão.

FRANCISCO CARREGAL, O NEGRO QUE JOGOU BOLA

The Bangu Athletic Club, um dos clubes de futebol pioneiros na prática do esporte no Brasil, foi fundado em 1904 por ingleses que trabalhavam na Companhia Progresso Industrial do Brasil, a fábrica de tecidos do bairro. Possuía no início, assim como o Paissandu Cricket Club e o Rio Cricket and Athletic Club (esse, de Niterói), jogadores majoritariamente ingleses em seus quadros.

Em 1905, o time do Bangu era formado por cinco ingleses (Frederick Jacques, John Stark, William Hellowell, William Procter e James Hartley), três italianos (César Bocchialini, Dante Delloco e Segundo Maffeo), dois portugueses (Francisco de Barros, modesto guarda da fábrica conhecido como Chico Porteiro, e Justino Fortes) e um brasileiro (o operário negro Francisco Carregal).

O jornalista Mário Filho, autor do imprescindível *O negro no futebol brasileiro*, verificou um detalhe significativo na foto da equipe banguense. Dos onze jogadores, o mais bem vestido era exatamente o negro Francisco Carregal.

O fato é que Carregal foi um pioneiro na história do futebol. Ele era um tecelão da fábrica praticando o então elitista esporte bretão em terras cariocas. Cercado de estrangeiros, todos eles brancos, Carregal caprichava na roupa para diminuir o impacto de sua condição como praticante de um esporte de almofadinhas, fato compreensível naquelas primeiras décadas pós-abolição.

De certa forma, o traje requintado de Carregal pode ser comparado ao esmero com que se vestia, nos anos 1930, o sambista Paulo da Portela, sempre de gravata e sapatos. Paulo sabia que, naquele contexto, o negro precisava conquistar um espaço que só viria com um comportamento firme e exemplar. O branco tinha o salvo-conduto da cor da pele.

Meses após sua fundação, o Bangu colocava, sem restrições, operários e negros no time, misturados aos mestres ingleses. Enquanto o Fluminense e o Botafogo jamais conceberiam isso à época, a equipe banguense

ALMANAQUE BRASILIDADES ❁ GENTES DO BRASIL

abria suas portas para outros jogadores como Carregal, a exemplo de Manuel Maia, um goleiro negro.

CURIOSIDADE

Foi também o time da fábrica que aboliu a distinção entre os torcedores nos estádios. Na maioria dos campos, os pobres ou mal-ajambrados não podiam assistir aos jogos nas arquibancadas, espaço reservado aos chefes de família, jovens promissores e raparigas em flor. Ao poviléu cabia um espaço separado, logo chamado de geral, que distinguia, segundo um jornal do início do século, a plateia dos espetáculos, sempre bem trajada e ocupando o espaço nobre no *field*, do torcedor comum. O Bangu cometeu, desde o início, a bendita e civilizada ousadia de não compartimentar o público de seus jogos em espaços separados.

GENTE SABIDA

❝ Bola de futebol é um utensílio semivivo/ de reações próprias como bicho/ e que, como bicho, é mister/ (mais que bicho, como mulher)/ usar com malícia e atenção/ dando aos pés astúcias de mãos. ❞

João Cabral de Melo Neto

QUE DIA É HOJE?
★ 13 DE MAIO DE 1888 ★
A ABOLIÇÃO

É abolida a escravidão no Brasil pela Lei Imperial 3.353, conhecida como Lei Áurea, sancionada pela Princesa Isabel. O Brasil foi o último país independente do continente americano a abolir a escravatura, em um processo que incluiu a luta sistemática dos escravizados contra o cativeiro, o crescimento do movimento abolicionista e a ação do estado imperial. Diversos estudos sobre o processo de abolição destacam o caráter incompleto do mesmo, já que a extinção legal do cativeiro não veio acompanhada de políticas públicas inclusivas das pessoas libertas aos canais formais do exercício da cidadania. Em 1988, no centenário da abolição, a escola de samba Estação Primeira de Mangueira, no Rio de Janeiro, chamava atenção para este problema no enredo "Cem anos de liberdade: realidade ou ilusão?". Um trecho do samba dos compositores Jurandir, Hélio Turco e Alvinho sintetizava o dilema:

"Pergunte ao criador/ Quem pintou essa aquarela/ Livre do coité da senzala/ preso na miséria da favela."

CAROLINA MARIA DE JESUS: O LIVRO É O MUNDO

Nascida em Minas Gerais, na pequena cidade de Sacramento, Carolina Maria de Jesus mudou-se para São Paulo em 1947, passando a morar na favela do Canindé. Apesar de ter estudado formalmente apenas os primeiros anos da alfabetização, Carolina gostava de escrever e acabou se transformando em uma das primeiras e mais importantes escritoras afrodescendentes do Brasil. Trabalhando como catadora de lixo, Carolina começou a separar os cadernos que achava nas lixeiras e passou a escrever relatos sobre o cotidiano da comunidade em que vivia. Preencheu, assim, mais de vinte cadernos com seus escritos.

Ao fazer uma reportagem sobre a favela do Canindé, em 1958, o jornalista Audálio Dantas teve contato com Carolina e ficou impressionado com a força de seus textos, publicando parte deles na revista *O Cruzeiro*. Posteriormente, os relatos foram reunidos no livro *Quarto de despejo: Diário de uma favelada,* que vendeu em curto espaço de tempo mais de 100 mil exemplares, foi traduzido para treze idiomas e publicado em quarenta países.

GENTE SABIDA

66Literatura? Mas, minha querida senhora, a literatura não existe. O que há é a vida, de que a política e arte participam.99

João Antonio

QUE DIA É HOJE?
★ 27 DE JUNHO DE 1214 ★
NASCE UMA LÍNGUA

Esta é a data do testamento do rei de Portugal Afonso II – o mais antigo documento régio escrito em língua portuguesa e considerado, por isso, um marco fundador na história do idioma. O testamento tem duas cópias que sobreviveram ao tempo: uma encontra-se na Catedral de Toledo, na Espanha, e a outra está guardada em um cofre na Torre do Tombo, em Lisboa, mesmo lugar em que está o original da carta de Pero Vaz de Caminha ao rei d. Manuel relatando a chegada da esquadra de Pedro Álvares Cabral, em 1500.

ARTHUR BISPO DO ROSÁRIO E O MANTO DIVINO

Nascido em Japaratuba, interior de Sergipe, em 1909, Arthur Bispo do Rosário radicou-se no Rio de Janeiro, onde fez de tudo um pouco: foi marujo, boxeador, biscateiro, funcionário do Departamento de Tração de Bondes e empregado doméstico. Um dia, em 1938, despertou dizendo que era um enviado de Deus, encarregado de julgar os vivos e os mortos. Foi detido e internado no Hospício Pedro II, o famoso Hospício da Praia Vermelha. Com o diagnóstico de esquizofrenia paranoide, foi transferido para a Colônia Juliano Moreira, em Jacarepaguá, onde permaneceu interno por mais de cinquenta anos.

No hospício, Bispo se revelou um artista genial. Começou a criar objetos a partir do lixo e da sucata da Colônia que acabaram reconhecidos pela crítica especializada como de imenso valor artístico. Sua obra mais famosa foi o Manto da Apresentação, com o qual pretendia se apresentar diante de Deus no Juízo Final.

Bispo faleceu na Colônia Juliano Moreira, em 1989. Em 1995, as obras do artista representaram o Brasil na Bienal de Veneza, obtendo reconhecimento internacional e o consagrando como um dos maiores criadores da arte contemporânea brasileira. Segundo o crítico de arte Frederico Morais, a obra de Bispo dialoga com o melhor da arte pop, da arte de vanguarda e do novo realismo.

CURIOSIDADE

O impacto das obras de Bispo na Bienal de Veneza renderam comparações entre ele e o francês Marcel Duchamp, o introdutor no campo da arte do conceito de *ready-made*, o transporte de elementos da vida cotidiana na produção artística.

PARA SABER MAIS

O livro *Arthur Bispo do Rosário: O senhor do labirinto*, de Luciana Hidalgo, de 2011, inspirou o filme *O senhor dos labirintos*, do diretor Geraldo Mota, lançado em 2014.

GENTE SABIDA

❝Para navegar contra a corrente são necessárias condições raras: espírito de aventura, coragem, perseverança e paixão.❞

Dra. Nise da Silveira

QUE DIA É HOJE?
★ 24 DE JUNHO DE 1947 ★
DIA MUNDIAL DO DISCO VOADOR

O piloto norte-americano Kenneth Arnold observou, durante um voo, nove objetos voadores não identificados. O evento causou celeuma, foi relatado à imprensa e, por causa disso, os ufólogos passaram a considerar o dia 24 de junho como o Dia Mundial do Disco Voador. No Brasil, a região da Serra do Roncador é considerada um ponto constante de aparições de discos voadores. Exatamente por isso, uma lei municipal de Barra do Garças, no Mato Grosso, criou, em 1995, uma reserva de 5 hectares para pousos de discos voadores na região. Não consta que o discoporto já tenha sido utilizado.

CORDELISTAS E CANTADORES

A literatura de cordel chega ao Brasil com a colonização portuguesa e guarda raízes no século XVI, quando a impressão de relatos orais se popularizou na Europa. Os folhetos eram, então, negociados nas feiras portuguesas em barbantes ou cordéis.

A arte do cordel espraia-se no Brasil, sobretudo nas feiras do Nordeste, e tem estruturas poéticas diversas. Sua forma mais comum é a sextilha; com estrofes de seis versos de sete sílabas. A sonoridade das sextilhas faz com que elas sejam também muito utilizadas em cantorias, no ritmo do baião.

Dois estilos comuns ainda nas cantorias e cordéis são o martelo agalopado, com estrofes de dez versos decassílabos; e o galope à beira mar, com estrofes de dez versos de onze sílabas.

• ZÉ LIMEIRA •

Dos grandes nomes da poesia popular do Brasil, o mais inusitado certamente é o de Zé Limeira. Paraibano de Teixeira, nascido em 1886, ele é – mais que um personagem histórico de biografia pouco conhecida – um mito do universo fabuloso da literatura de cordel. Brincando com a História e revirando os fatos em fantasias delirantes, Zé Limeira foi uma espécie de surrealista sertanejo, criador de palavras potentes, poeta do absurdo.

Há quem diga que grande parte dos versos atribuídos a Zé Limeira não teriam sido de sua autoria. Há quem duvide de sua imagem popularizada – a do cantador com roupas extravagantes, óculos escuros, pulseiras e anéis enormes. Muito desse mistério circula em torno do livro *Zé Limeira, o poeta do absurdo*; do poeta paraibano Orlando Tejo. Para alguns, Tejo apresentou Zé Limeira ao mundo; para outros, criou uma lenda a partir de fragmentos da História.

Zé Limeira usava muito a septilha (estrofe de sete versos) e a décima (estrofe de dez versos, com dez ou sete sílabas). O mito, enfim, é maior que o homem. A ele, por exemplo, são atribuídos os seguintes versos:

"O marechal Floriano/ Antes de entrar pra Marinha/ Perdeu tudo quanto tinha/ Numa aposta com um cigano/ Foi vaqueiro vinte ano/

Fora os dez que foi sargento/ Nunca saiu do convento/ Nem pra lavar a corveta/ Pimenta, só malagueta/ Diz o Novo Testamento!"

• CEGO ADERALDO •

Outro nome famoso da literatura de cordel é Cego Aderaldo, poeta do Crato, nascido em 1878. Improvisador lendário, Aderaldo teria descoberto a destreza para a rima depois de perder a visão em um acidente e sonhar em versos. Andarilho da viola, saiu pelos sertões desafiando cantadores para pelejas emblemáticas em feiras de mangaio – tipicamente nordestinas e caracterizadas pela venda de produtos desde artesanatos em cerâmica até ervas curativas de diversos males.

De todos os embates, o mais famoso foi travado contra Zé Pretinho da Varzinha, violeiro arisco do Piauí, em um jogo contínuo de ataques e defesas. De repente, como um verso de serpente sibilando os infinitos, Cego Aderaldo deu o bote de cascavel na sílaba certa e ganhou a peleja:

"Existem três coisas/ Que se admira no sertão:/ O cantar de Aderaldo/ A coragem de Lampião/ E as coisas prodigiosas/ Do padre Cícero Romão."

• FABIÃO DAS QUEIMADAS •

Fabião Hermenildo Ferreira da Rocha, o Fabião das Queimadas, nascido em 1848 em Santa Cruz, no Rio Grande do Norte, é outro nome marcante da poesia popular, a começar pela história de vida: foi escravo e conseguiu comprar a alforria cantando com sua rabeca em casas abastadas.

Sem conhecer a formalidade das letras, compôs o *Romance do boi da mão de pau*, obra magistral de 48 estrofes sobre o sertão profundo e armorial das lidas do gado. O poema foi recriado por Ariano Suassuna, que considerava os versos do analfabeto Fabião dos mais bonitos da nossa literatura:

"Adeus, Lagoa dos Velhos/ Adeus, Vazante do gado/ Adeus, Serra Joana Gomes/ E Cacimba do Salgado/ Assim vai-se o touro manco/ Morto, mas não desonrado."

Fabião morreu em 1928, no sítio Riacho Fundo, na Lagoa dos Velhos, Rio Grande do Norte, vítima de uma furada de macambira.

CURIOSIDADE

A lista de grandes poetas e cantadores da poesia popular brasileira é extensa. Nomes como os de Leandro

Gomes de Barros, Patativa do Assaré, Mestre Azulão, Raimundo Santa Helena, Zé da Luz, Firmino Teixeira do Amaral, Francisco das Chagas Batista, Gonçalo Ferreira da Silva, Melchíades Ferreira, Manuel Camilo dos Santos, Severino Milanês da Silva, Inácio da Catingueira, Silvino Pirauá de Lima, Romano do Teixeira, Oliveira de Panelas e tantos outros marcam o imaginário fabuloso das pelejas versejadas, da poesia popular e dos folhetos do Brasil.

GENTE SABIDA

É melhor escrever errado a coisa certa do que escrever certo a coisa errada.

Patativa do Assaré

QUE DIA É HOJE?
★ 8 DE JULHO ★
DIA DO PANIFICADOR

Conta a tradição do catolicismo popular que em 1333, durante uma grande fome que assolou Portugal, a rainha Isabel de Aragão, mulher do rei d. Diniz, resolveu distribuir pães aos pobres, contra a vontade do marido. Para que o rei não soubesse o que fazia, costumava levar os pães escondidos no avental. Interceptada um dia pelo rei, que queria saber o que Isabel escondia no avental, a rainha disse: são apenas rosas. D. Diniz quis verificar a veracidade. Ao abrir o avental, foram mesmo rosas que caíram no lugar dos pães, para estupor de alguns súditos que viram a cena e sabiam da verdade.

Em virtude desse episódio, a rainha, canonizada pelo papa Urbano VIII, é considerada a padroeira dos padeiros. Exatamente por isso, o dia 8 de julho, dia de Santa Isabel de Castela, é considerado o Dia do Panificador em Portugal e no Brasil.

BENZEDEIRAS E REZADEIRAS

No amplo repertório de devoções brasileiras, há vastíssimas tradições ligadas às mazelas da saúde e maneiras de curar que, de forma geral, desapareceram do mapa ou foram relegadas ao campo das crendices populares e superstições.

Era comum se falar, por exemplo, do "mal de sete dias", que podia atingir os bebês. Sabe-se que a crendice se refere ao tétano umbilical, geralmente causado por contaminação no ato de seccionar o cordão umbilical do recém-nascido. Rezava a tradição popular que, no sétimo dia de vida, era prudente deixar o recém-nascido longe da luz e vesti-lo de vermelho para afastar qualquer tipo de malefício, sobretudo de inflamação no umbigo. A roupinha vermelha do neném era certeira para preservar sua saúde nos primeiros dias.

O "ventre virado" era outro dano. Jogar a criança para cima era considerado um perigo, porque podia virar o bucho do bebê e provocar vômitos, convulsões e outros dramas. A receita das avós para resolver o problema era colocar a criança de cabeça para baixo para que o ventre voltasse ao lugar.

Bastavam aparecer vermelhidões e coceiras na pele que o diagnóstico era preciso: o que causava a ziquizira era o contato com roupas onde uma cobra ou outro bicho de peçonha pudesse ter passado – daí o nome popular de "cobreiro".

Eram famosos também os casos de espinhela caída, nervo torcido, quebranto, urina presa e furúnculos nos mais variados lugares do corpo, que deveriam ser tratados com emplastos de farinha untada com óleo de mamona ou com folhas de saião. Essa era uma receita caseira das mais famosas, concorrendo com a dica de que lavar os pés com xixi de criança evitava o chulé.

Na tradição popular o melhor mesmo era ter uma boa rezadeira por perto. Sabedoras de rezas ancestrais, herdadas do catolicismo popular português e passadas entre gerações da família, as bondosas rezadeiras faziam verdadeiros milagres com as jaculatórias benfazejas sussurradas e com seus galhos de arruda, vassourinha, guiné, espada-de-são-jorge e fedegoso.

Segundo a religiosidade popular, expressa na reza, Jesus Cristo quando andou no mundo, três coisas levantou: arca, vento e espinhela caída. E quando entrou em Roma, em romaria, foi benzendo cobra, cobreiro, cobraria.

SIMPATIA PARA
CURAR ERISIPELA

O doente deve tomar água benta três vezes ao dia. A rezadeira deve passar um algodão embebido em óleo de mamona no local da moléstia, rezando o seguinte: Fogo do chão, fogo do ar, fogo da cruz, erisipela que queima a perna, agora é curada pela mão de Jesus.

GENTE SABIDA

66 Não sou religioso, mas tenho assistido a muita mágica. A vida é feita de acontecimentos comuns e de milagres. 99

Jorge Amado

QUE DIA É HOJE?
★ 16 DE JULHO DE 1251 ★
A DEVOÇÃO AO ESCAPULÁRIO

Conta a tradição católica que neste dia Simão Stock, Prior Geral da Ordem do Carmo, rezava a Nossa Senhora para conseguir resolver um problema que afetava a ordem dos carmelitas. Durante a reza, Simão teve uma visão da Virgem Maria, que lhe entregou um escapulário (do latim *scapula*: proteção), um cordão de proteção com a imagem de Cristo de um lado e da própria Virgem do outro. A devoção ao escapulário, a partir daí, se tornou das mais fortes entre os católicos. No cristianismo popular brasileiro, o escapulário é considerado importante amuleto de proteção. Diz a tradição popular que quem morrer com o escapulário no pescoço não sofrerá da danação do Inferno.

NATAL DA PORTELA

O samba, o jogo do bicho e o futebol, três instituições da cultura carioca, fizeram a história e a fama de Natalino José do Nascimento, o Natal da Portela, que, aliás, não veio ao mundo no Rio de Janeiro. Natal nasceu em 1905, na cidade de Queluz, São Paulo, mas chegou ainda menino em terras cariocas. Depois de um curto período em Cachoeira Grande, entre o Méier e o Lins de Vasconcelos, mudou-se com a família para a esquina da rua Joaquim Teixeira com a estrada do Portela, no subúrbio de Oswaldo Cruz. Ali, no quintal da casa do pai de Natal, os bambas Paulo, Rufino, Alvarenga, Heitor, Caetano, Claudionor e Manuel Bam-Bam-Bam fundaram o bloco carnavalesco Vai Como Pode, que deu origem à escola de samba Portela, maior campeã da história do Carnaval carioca.

Natal foi funcionário da Central do Brasil durante seis anos. Trabalhou como cabineiro, condutor de trem e telegrafista. Em 1925 sofreu um acidente, perdeu o braço direito nos trilhos do trem e, inválido para o serviço, parou no olho da rua. Fez muito biscate, foi camelô, penou na mão do rapa e foi chamado de crioulo aleijado inúmeras vezes. Sem conseguir trabalho formal, arrumou emprego de anotador do jogo do bicho.

Natal fez carreira meteórica na contravenção. De anotador a gerente, de gerente a dono de banca, tornou-se o rei da loteria popular e foi pioneiro da ligação entre o bicho e as escolas de samba. Com ele surgiu a figura do patrono, depois tão comum no meio. Envolvido com o futebol, chegou a diretor do Madureira.

Sofreu quase quatrocentos processos, foi preso noventa vezes, parou quatro vezes na Ilha Grande e uma em Fernando de Noronha. Enfrentou, com um braço só, o lendário matador China Preto, temido pistoleiro do subúrbio nos anos 1950. Em certa ocasião, matou um sujeito que quis tomar seus pontos do bicho em Madureira. Pela frente, dentro do que chamava de regras da valentia.

Foi o retrato de um Rio de Janeiro que na década de 1950, auge do seu poder, fugiu ao estereótipo da cidade cantada pela bossa nova, que então surgia. Muito além do barquinho, do cantinho e do violão, a cidade dos subúrbios, dos pequenos times de futebol, do samba e do jogo do bicho pulsava nos botequins, terreiros e esquinas de Oswaldo Cruz e Madureira.

Ali, longe do mar, Natal foi o rei e a lenda. Morreu em 1975. Gostava de resumir sua vida numa única frase: "Acho que era covardia eu ter dois braços também".

CURIOSIDADE

Natal só andava de chinelos e paletó de pijama. Era assim, em trajes informais, que desfilava pela azul e branca de Oswaldo Cruz. No único ano em que convenceram o malandro a desfilar na beca, de terno e sapatos, creditou ao traje requintado a derrota vergonhosa da Portela.

PARA SABER MAIS

O filme *Natal da Portela* (1988), dirigido por Paulo César Saraceni, retrata o cotidiano dos subúrbios do Rio de Janeiro a partir da trajetória de Natal.

MÃES DO SAMBA

A participação feminina no ambiente das escolas de samba sempre foi determinante e se impôs como uma espécie de reflexo da própria condição e da experiência histórica das mulheres, sobretudo afrodescendentes, na sociedade brasileira.

Aparentemente, o protagonismo nas escolas de samba foi e é exercido pelos homens. Quem, todavia, mergulhar no mundo do samba e ir além da superfície, verá que, como diziam os antigos, debaixo desse angu tem caroço. As escolas de samba, em sua origem, se destacaram pelo caráter comunitário, definidor, inventor e renovador de identidades de grupos vistos historicamente como subalternos por parcelas significativas das elites brasileiras. O crítico musical Roberto M. Moura matou a charada no livro *No princípio era a roda*:

"Quando alguém se aproxima do samba, através da roda ou das escolas, dificilmente percebe seu caráter doméstico. Num e noutro caso, verá uma predominância do elemento masculino, que toca e canta. Mas se esse envolvimento evoluir, se a pessoa aprofundar essa aproximação, por certo descobrirá as raízes caseiras que estão por trás daqueles sons. Para ficar nos exemplos mais decalcados, só após provar o famoso feijão da Vicentina, é que o sujeito pode afirmar que conhece a Portela. Ou, só depois de ter andado nas festas de Dona Zica e Dona Neuma, é que terá cacife para falar da Mangueira. É como se o samba tivesse duas faces: a masculina, para público externo, e a feminina, para os que são de casa."

Indo além da citação, há que se considerar que, desde o início, as mulheres foram relevantes também do ponto de vista da música e da coreografia. Foram elas, nos tempos primordiais em que o perfil comunitário prevalecia e a visão empresarial nem sonhava se impor no ambiente das escolas, que sustentaram, sobretudo como pastoras ou baianas, alguns elementos fundamentais para o desempenho de uma agremiação – como o canto coral, a evolução e a harmonia.

Entender a força e a importância das mulheres na estrutura das escolas de samba passa pela constatação de que há entre as agremiações, em suas origens remotas, e as casas de candomblé, uma série de semelhanças que devem ser destacadas. São duas instituições que funcionaram como instâncias de integração comuni-

LUIZ ANTONIO SIMAS

tária, fundamentadas na noção de pertencimento ao grupo e fincadas em uma série de rituais; todos eles alicerçados nos princípios da tradição, da hierarquia e da etiqueta.

Nesse contexto, o matriarcado se impunha como uma referência moral de condução do grupo e um elemento aglutinador da comunidade, tanto nos terreiros de samba como nos terreiros de santo. As grandes matriarcas do samba – da lendária Tia Ciata à imponência imperial de Dona Ivone Lara – sempre se impuseram no tênue limite entre o sagrado e o profano que bem define os modos de vida dos afrodescendentes no Brasil.

E são tantas as mulheres que merecem destaque que fica até difícil resumi-las a poucos nomes. Como não citar Dagmar do Surdo, a primeira mulher a furar o cerco masculino e tocar na bateria de sua escola; Amélia Pires, já na década de 1930, atuando como compositora na Unidos da Tijuca; Carmelita Brasil, fundadora, presidente e compositora da Unidos da Ponte e primeira mulher a assinar um samba-enredo que cruzou uma avenida de desfile, em 1958; Dona Ivone Lara, grande compositora e primeira a ter um samba de sua autoria cantado por uma grande escola (Império Serrano, 1965); Carmen Silvana, a pioneira imperiana que puxou na avenida o mítico samba-enredo "Aquarela Brasileira" (1964), do mestre Silas de Oliveira; e muitas outras que ainda hoje são líderes comunitárias e figuras exponenciais da cultura brasileira.

Mães do samba, iabás, forças matriarcais de sustentação do grupo, referências comunitárias, herdeiras da sabedoria e do axé, as mulheres não formam apenas um capítulo à parte no universo das escolas de samba. Elas são alicerces e fundamentos da maneira brasileira de inventar a vida.

CURIOSIDADE

Durante muito tempo dançar nos terreiros (quadras) das escolas de samba era privilégio e incumbência apenas das pastoras, como numa reprodução profana das rodas de candomblés antigas, onde as iaôs – iniciadas no culto aos orixás – tinham a função de formar a roda cerimonial propiciadora do contato com os deuses.

PARA SABER MAIS

Um livro para conhecer a história das mães do samba: *Tia Ciata e a Pequena África no Rio de Janeiro*, de Roberto Moura (1995).

QUE DIA É HOJE?
★ 25 DE JULHO ★
DIA INTERNACIONAL DA MULHER NEGRA, LATINO-AMERICANA E CARIBENHA

Em 1992, em virtude do I Encontro de Mulheres Afro-Latino-Americanas e Afro-Caribenhas, realizado em Santo Domingo, República Dominicana, o 25 de julho passou a ser o Dia Internacional da Mulher Negra Latino-Americana e Caribenha. A data celebra a luta e a resistência das mulheres negras na América Latina e Caribe. No Brasil, por razão do encontro, a data comemora, desde 2014, o Dia Nacional de Tereza de Benguela e da Mulher Negra Brasileira. Tereza viveu no século XVIII, no Vale do Guaporé, Mato Grosso. Após a morte de seu companheiro, o quilombola José Piolho, Tereza passou a liderar, e assim fez por quase duas décadas, o Quilombo do Quariterê, o mais importante da região.

MESTRE DARCY DO JONGO

Os antigos dizem que o jongo é a dança das almas. Em volta da fogueira, sempre à noite, os velhos jongueiros eram capazes de realizar encantamentos com os passos misteriosos e os cantos enigmáticos, em linguagem cifrada, compreendido apenas pelos versados na mandinga.

Vindo provavelmente da região de Benguela, onde o povo Ovimbundo dançava o "onjongo", o jongo espalhou-se por Minas Gerais, São Paulo, Espírito Santo e Rio de Janeiro, áreas de marcante presença de escravos bantos. Com a decadência da lavoura cafeeira do Vale do Paraíba e a abolição da escravatura, um grande contingente de negros dirigiu-se para as zonas urbanas da cidade do Rio de Janeiro. Na bagagem, trouxeram a tradição dos ancestrais.

Com a especulação imobiliária, a política de higiene sanitária e a reforma urbana da capital federal empreendida pelo prefeito Pereira Passos, no início do século XX, contingentes significativos de negros foram expulsos dos cortiços do centro da cidade do Rio e subiram os morros nos subúrbios. Com eles foi o jongo, para os morros de São Carlos, Mangueira, Salgueiro e Serrinha. Neste último, principal reduto de jongueiros da cidade, nasceu, em 1932, Darcy Monteiro, o Mestre Darcy do Jongo, filho de Pedro Monteiro e da mãe de santo e jongueira Vovó Maria Joana Rezadeira.

Mestre Darcy revelou-se, desde cedo, um grande percussionista. Aos 16 anos, já era músico profissional. Participou, adolescente, da fundação da escola de samba Império Serrano. Foi ele quem introduziu os agogôs na bateria do Império, até hoje marca registrada da escola. Acompanhou como músico da Rádio Nacional, nomes como Mário Reis, Herivelto Martins, Ataulfo Alves e Marlene.

Foi, todavia, como jongueiro e divulgador do jongo que Mestre Darcy transformou-se em uma figura legendária. Percebendo que o jongo encontrava-se restrito a uma pequena parcela de participantes, e preocupado com os riscos do desaparecimento do ritmo e da dança dos seus ancestrais, fundou o grupo Jongo da Serrinha, com o objetivo de retomar, dinamizar e divulgar a tradição.

Com essa ideia, introduziu instrumentos de harmonia no ritmo, que até então era apenas percussivo, passou a ensinar a dança para as crianças e levou o jongo para os palcos de teatros do Brasil e do exterior. Para alguns, quebrou tabus e salvou o jongo do esquecimento; para outros, violou de forma irreversível a tradição. Quando indagado sobre isso, preferia dizer que rompia alguns princípios tradicionais para, no fundo, conseguir preservá-los.

CURIOSIDADE

Mestre Darcy passou os últimos anos de sua vida ensinando o jongo, sobretudo para estudantes, ao mesmo tempo que estimulava a prática entre as crianças do morro da Serrinha. Sempre ressaltou a importância de se estudar música, mas admitiu que os melhores tambozeiros que conheceu foram os ogãs das casas de candomblé e umbanda. Mestre Darcy foi, inclusive, o principal tocador de tambor da Tenda Espírita de Xangô, casa comandada por sua mãe, Vovó Maria Joana Rezadeira. Morreu no final de 2001, em um momento em que o jongo crescia e conquistava um significativo espaço de divulgação na mídia. Zâmbi – a divindade suprema dos cultos oriundos da região do Congo-Angola – falou que era a hora de chamar o tambozeiro que um dia anunciará, no rufar do angoma, a chegada da Noite Grande.

QUE DIA É HOJE?
★ 25 DE AGOSTO DE 1914 ★
DIA NACIONAL DO FEIRANTE

Neste dia, o prefeito de São Paulo, Washington Luís, sancionou uma lei que instituiu legalmente os mercados francos nas ruas de São Paulo. Com essa medida, a prefeitura regularizava as feiras livres, estabelecendo critérios para a periodicidade das feiras e a organização dos feirantes. A intervenção do poder público visou resolver a polêmica criada pela feira do Largo General Osório, que cresceu bastante e foi objeto de controvérsias na cidade de São Paulo sobre a legalidade de seu funcionamento. Por causa disso, o dia 25 de agosto – data da expedição do primeiro documento que regularizou feiras livres no Brasil – passou a ser o Dia Nacional do Feirante.

MULHERES RENDEIRAS

O ofício das rendeiras, difundido a partir do final da Idade Média na Europa Ocidental, chegou ao Brasil no período colonial, certamente a partir da colonização portuguesa, espraiando-se sobretudo ao longo do vasto litoral brasileiro a partir do século XVII. Enquanto na Europa era praticado por moças das camadas mais abastadas da sociedade, aqui acabou se popularizando e se entranhando na cultura popular com grande intensidade. Dessa forma, permanece como tradição dinâmica que passa entre mulheres da mesma família, em um enlace de saberes minuciosos e matriarcais exercidos de forma coletiva.

Existem diversos tipos de renda, divididas em duas formas mais amplas de técnica de trabalho: os bordados feitos com bilros (peças de madeira com tamanhos e formas variáveis) e os confeccionados com agulhas.

Nos bilros, são enroladas as linhas que serão usadas para fazer a renda. O desenho do bordado é feito picado em papelão, espetado em uma almofada com alfinetes – em outros tempos, os espinhos eram utilizados com este fim, para impedir que a maresia enferrujasse os alfinetes.

Dentro dessa grande divisão entre as peças feitas com bilros ou agulhas, vários estilos de renda são encontrados no Brasil: renda filé, renda renascença, renda irlandesa, renda labirinto etc.

O ofício das mulheres rendeiras se faz presente ainda hoje, com muita força, em cidades como João Pessoa, Ingá e Serra Redonda, Paraíba; Divina Pastora, Sergipe; Jataúba, Pernambuco; Florianópolis, Santa Catarina; Fortaleza e Aquiraz, Ceará; Arraial do Cabo, Rio de Janeiro; Morro da Mariana, Piauí; Maceió, Alagoas.

CURIOSIDADE

A complexidade do artesanato das rendeiras se manifesta também na existência de inúmeros pontos de bordado. São mais de cem pontos diferentes, com denominações curiosas: ziguezague, trança, coração, escadinha de Cupido, aranha, mataxim etc.

LIA DE ITAMARACÁ

Há quem diga que a dança da ciranda de Lia originou-se nas praias do Nordeste brasileiro. As mulheres dos pescadores, enquanto aguardavam o retorno dos homens que saíam para pescar, dançavam e cantavam em roda, imitando no bailado em conjunto o balanço das ondas do mar. O mito de origem é bonito e desvela certamente uma maneira brasileira, marcada pela vastidão dos litorais, de reinventar a dança que chega de Portugal e aqui ganha cores e variações regionais, como roda de meninos, em alguns casos, ou dança de adultos.

Dançada em círculos, a ciranda da praia tem seus passos característicos: a onda, a marola, o ciscadinho, o saci, a concha, a espuma. Não obstante, guarda grande possibilidade para que as dançarinas improvisem meneios de corpo durante o bailado.

A ciranda na praia, ainda que se apresente com variações em diversas partes do Brasil, é especialmente forte em Pernambuco. Instrumentos de sopro e percussão – como o tarol, a caixa, o zabumba, o ganzá e o surdo – bordam as cantigas suaves, de motivos marinhos, que embalam a dança.

A citada Lia é a cirandeira mais famosa do Brasil e se chama na verdade Maria Madalena Correia do Nascimento. Lia conheceu a ciranda ainda menina, na Ilha de Itamaracá, onde nasceu em 1944. Trabalhou boa parte da vida como merendeira de uma escola estadual em Jaguaribe e sempre conciliou o trabalho com as rodas de ciranda.

CURIOSIDADE

Lia de Itamaracá é a cirandeira completa: compõe, canta e dança, além de conhecer a tradição dos maracatus e cocos de roda de Pernambuco. Para ela, o cirandeiro Antônio Baracho compôs uma canção que reverenciou seu talento e fama:

"Eu tava
Na beira da praia
Ouvindo as pancadas
Das águas do mar.
Esta ciranda
Quem me deu foi Lia
Que mora na Ilha
De Itamaracá."

Apresentando a ciranda brasileira em diversas partes do mundo, Lia de Itamaracá passou a ser embaixadora do estado de Pernambuco e patrimônio do Brasil.

QUE DIA É HOJE?
★ 29 DE AGOSTO DE 1944 ★
DIA DO VAQUEIRO

Neste dia, na cidade de União, Piauí, ocorreu uma passeata com mais de mil vaqueiros em louvor a São Raimundo Nonato, cuja devoção é fortíssima no sertão nordestino. Em virtude da manifestação, o Piauí foi o primeiro estado brasileiro a criar o Dia do Vaqueiro, homenageando os que trabalham na lida de gado. Em 2008, a lei piauiense passou a ter caráter nacional e foi instaurado o Dia Nacional do Vaqueiro.

GENTE SABIDA
"Onde tem onça, macaco não faz barulho."
Provérbio popular

UM ALMIRANTE NAS ONDAS DO RÁDIO

Pouco mais de duas décadas depois da transmissão inaugural de rádio no Brasil, em 1947, Henrique Foréis Domingues, o Almirante, componente do Bando dos Tangarás ao lado de Noel Rosa e Braguinha, e pesquisador fundamental da nossa música, iniciou a série de programas radiofônicos de maior sucesso da história do rádio brasileiro, o Incrível! Fantástico! Extraordinário!

Durante onze anos – até, portanto, 1958 –, Almirante seduziu, pelas ondas da rádio Tupi, milhões de brasileiros com relatos de casos sobrenaturais enviados por ouvintes do país inteiro, ou, como anunciava o comunicador, de casos verídicos de terror e assombração. Tinha de tudo: operação espiritual, morto cumprindo ameaça, milhar sinistra no jogo do bicho, violino do além, caminhão fantasma, entrevista fúnebre, fenômenos de levitação, agradecimento da noiva morta, urubu aziago e outras coisas do tipo.

ALMANAQUE BRASILIDADES ❖ GENTES DO BRASIL

O programa sempre começava com a voz de Almirante anunciando o teor da história macabra. Alguns relatos eram tão assombrosos que causavam crises histéricas em ouvintes mais impressionáveis. Imaginem a cena: a família está reunida em volta do rádio; é a hora do programa do Almirante. Após a vinheta, o comunicador anuncia a síntese da história que será contada, na linha dos exemplos abaixo:

- Alguns espíritos podem aparecer para os vivos sob a forma de animais apavorantes. Mas isso não é regra, e a prova está no relato que segue.
- Alguns médicos continuam a exercer sua profissão mesmo depois de mortos.
- Terão as aves misteriosas simpatias por certas pessoas, ou serão elas, às vezes, portadoras de mensagens divinas?
- O que você faria se alguém lhe pedisse carona na porta de um cemitério?
- Na capelinha abandonada, todas as velas estavam acesas e uma missa estava sendo rezada.
- Depois de fazer um pedido ao escoteiro, a moça de branco desapareceu, como que diluída no ar.

Nos onze anos em que o programa esteve no ar, espalhou-se o boato de que ao menos três suicídios foram cometidos por ouvintes em pânico, após as narrações fantasmagóricas. Crianças não dormiam mais no escuro; estudantes não iam sozinhos aos banheiros dos colégios com medo da morta de vestido branco; taxistas tinham receio de conduzir o passageiro que poderia saltar no cemitério, pulava o muro e sumia entre as sepulturas. Um presidente da República, Café Filho, confessou que tinha medo de escutar o programa do Almirante quando estava sozinho.

A televisão brasileira tentou, inúmeras vezes, criar atrações baseadas em episódios sobrenaturais. Nunca deu certo. Almirante dizia que suas histórias só funcionavam porque o rádio estimulava a imaginação do ouvinte, enquanto a representação televisiva já vinha pronta.

CURIOSIDADE

A importância do rádio para o Brasil é fundamental, sobretudo como um decisivo mecanismo de integração nacional. A primeira transmissão radiofônica do país aconteceu no dia 7 de setembro de 1922, quando o presidente Epitácio Pessoa falou através de oitenta alto-falantes na inauguração da Exposição Internacional do Rio de Janeiro, que comemorava o centenário da Independência. Meses depois, em abril de 1923, o antropólogo Roquette-Pinto inaugurou a Rádio Sociedade do Rio de Janeiro, emissora pioneira no país.

GENTE SABIDA

"Tem uns baratos que não dá pra perceber, que tem mó valor e você não vê. Uma pá de árvore na praça, as crianças na rua, o vento fresco na cara, a estrela, a lua."

Mano Brown, Racionais MC's

QUE DIA É HOJE?
★ 1º DE SETEMBRO DE 2009 ★
VAI TER FUNK, SIM

A Assembleia Legislativa do Estado do Rio de Janeiro aprova dois projetos de lei: o primeiro revoga as restrições à realização de bailes funk em comunidades do Rio. O segundo reconhece o funk como movimento cultural carioca.

DONA BÁRBARA, A REVOLUCIONÁRIA

Nascida em Exu, Pernambuco, em 1760, Bárbara de Alencar aprendeu a ler e escrever desde cedo e foi ativa participante de dois movimentos da maior importância na história das lutas de libertação no Brasil: a Revolução Pernambucana de 1817 e a Confederação do Equador de 1824, dois movimentos separatistas e republicanos que questionaram o Brasil monárquico. Bárbara articulou os levantes e escreveu boa parte dos discursos dos revolucionários. Radicada no Ceará, lutou pela adesão de todo o Nordeste à causa separatista.

Conhecedora das ideias liberais, republicana convicta, Bárbara foi presa logo depois da Revolução Pernambucana de 1817. Passou três anos encarcerada em calabouços do Recife, Fortaleza e Salvador. É, por isso, considerada a primeira presa política da história brasileira.

Em 22 de dezembro de 2014, o nome de Bárbara de Alencar foi inscrito no Livro dos Heróis da Pátria Brasileira, pela Lei 13.056.

CURIOSIDADE

Bárbara de Alencar foi uma pioneira da entrada da mulher em campos e assuntos que, normalmente, eram exclusividade dos homens. Apesar de sua notável trajetória política, a revolucionária acabou sendo mais conhecida como a avó do escritor José de Alencar.

GENTE SABIDA

"Eu mesma não entendo minha enormíssima paciência de ficar à toa, só pensando, pensando e sentindo."

Adélia Prado

CHACRINHA, O VELHO PALHAÇO

Abelardo Barbosa nasceu em Surubim, interior de Pernambuco, em 1917. Iniciou sua carreira de comunicador, no início dos anos 1930, na Rádio Clube de Pernambuco, em Recife. Paralelamente ao trabalho como locutor, estudava medicina na Faculdade do Recife e era músico – percussionista dos bons – de um conjunto relativamente famoso na capital pernambucana, o Bando Acadêmico.

Sem um tostão no bolso, Abelardo Barbosa acabou aceitando um convite de um amigo para virar baterista da orquestra do navio Bagé, em turnê pela Europa. A medicina foi pro beleléu, e o nosso Chacrinha foi fazer bagunça no velho continente. Ao voltar da Europa, Abelardo aproveitou uma escala que o navio fez no Rio de Janeiro e resolveu ficar na capital federal. Não conseguiu emprego nas maiores rádios do Rio. A Tupi, por exemplo, argumentou que Chacrinha nunca faria sucesso na comunicação, em virtude de seu temperamento amador, ideias anárquicas e sotaque de cabra da peste.

Ferrado de grana, arrumou um biscate como locutor de vendas da loja O Toalheiro. Foi descoberto no meio da rua, fantasiado de chuveiro, por um diretor da Rádio Clube de Niterói, pequena emissora que tinha como sede uma chácara em Icaraí. A direção da rádio deu autonomia para Abelardo criar uma atração de fim de noite. Foi aí que o locutor teve a ideia de fazer um programa com músicas carnavalescas, cujo nome fazia referência ao local de onde era transmitido: *O rei*

Momo na chacrinha. Isso mesmo. A "chacrinha" era a pequena chácara em Icaraí de onde a Rádio Clube transmitia sua programação. Virou, com o tempo, o apelido definitivo de Abelardo Barbosa.

O programa fez sucesso, sobretudo em razão das extravagâncias do apresentador. Chacrinha recebia seus convidados de cuecas, toalhas de banho, fraldas, babador e lenço na cabeça. Dependendo da marchinha que estivesse fazendo sucesso, aparecia caracterizado de árabe, colombina, índio, pirata, tirolês, jardineira e outras maluquices. Em certa feita ameaçou tirar a roupa na frente da atriz Zezé Macedo, e a polícia acabou invadindo a chácara para evitar o *striptease* do locutor. Vêm dessa época alguns bordões (Terezinhaaaaaa! Vocês querem bacalhau?) que posteriormente marcaram a atuação de Chacrinha em rádios maiores e na televisão.

Ficou famoso o dia em que, ainda na rádio, o programa de Abelardo apresentou aos cariocas o cantor gaúcho Teixeirinha. Enquanto Teixeirinha cantava "Coração de luto", as fãs no auditório choravam de forma incontrolável, e Chacrinha simulava um enfarto que chegou a levar o pronto socorro e a rádio patrulha ao estúdio de transmissão.

Boatos sobre a morte de Chacrinha no ar, sob forte emoção após escutar Teixeirinha, levaram uma multidão à sede da emissora. O próprio apresentador ligou clandestinamente para uma funerária para que enviassem um caixão para o "comunicador Chacrinha". O furdunço terminou na delegacia, com o menino levado da breca sendo enquadrado por perturbar a ordem pública.

Curioso foi o papel exercido pelo comunicador, já na televisão, nos anos de chumbo da ditadura instaurada em 1964. Os críticos do regime acusavam Chacrinha de promover a alienação política das massas, jogando bacalhaus para a plateia, buzinando calouros e divulgando astros da música cafona. O regime, por sua vez, investigou Chacrinha. O apresentador chegou a prestar esclarecimentos ao departamento de censura federal, sob a acusação de que promovia pornografia barata, atentava contra a família brasileira e divulgava piadas de sentido dúbio, além de expor mulheres seminuas no palco para afastar a juventude dos estudos e despertar a libido nos jovens (termos que o departamento de censura utilizou).

CURIOSIDADE

Chacrinha foi também compositor de marchinhas carnavalescas politicamente incorretas, em parceria com João Roberto Kelly. São da dupla pérolas como "Maria Sapatão", "Eu tô cheio de mulher" e "Bota a camisinha". No fundo, era isso mesmo que Chacrinha fazia: Carnaval o ano inteiro. Fantasiado de abacaxi, noiva, bombeiro, borboleta, pirata, índio e o escambau, o menino de Surubim, velho palhaço, esculhambou tudo. Ele mesmo definiu perfeitamente o seu papel na comunicação brasileira com uma frase emblemática: "Eu vim para confundir, e não para explicar".

PARA SABER MAIS

O documentário *Alô, alô, Terezinha!* (2009), de Nelson Hoineff, conta a história de Chacrinha.

QUE DIA É HOJE?
★ 19 DE SETEMBRO ★
DIA DE SÃO JANUÁRIO

San Gennaro, bispo de Benevento, Itália, padroeiro de Nápoles e santo de devoção da colônia italiana no Brasil. A hagiografia diz que ele foi decapitado no ano de 305, durante a perseguição do imperador Diocleciano aos cristãos. No primeiro sábado de maio e no dia 19 de setembro, um relicário com o sangue seco de San Gennaro é levado em procissão pelas ruas de Nápoles. Acredita-se que o sangue se liquefaça nessas ocasiões. Quando isso não acontece, dizem os napolitanos, é porque alguma catástrofe se aproxima. A única igreja do santo no Brasil fica na Mooca, o bairro italiano de São Paulo. A festa do santo, entre setembro e outubro, mobiliza a Mooca e é das mais tradicionais da cidade.

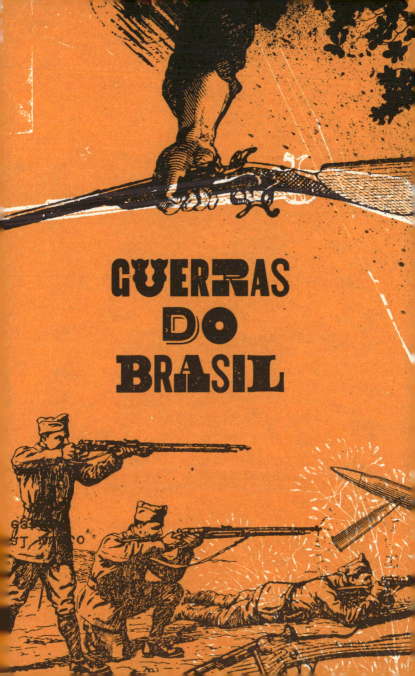

• *UM PAÍS DE CONFLITOS* •

Há certo mito apaziguador de que a História do Brasil seria caracterizada por um perfil relativamente pacífico. Uma análise, ainda que superficial, desmente esta máxima. Registram-se, ao longo da trajetória brasileira, quase 2 mil guerras, rebeliões, sedições e revoltas.

Temos exemplos contundentes de rebeliões de índios e negros escravizados, como a Confederação dos Tamoios (século XVI), a Confederação dos Cariris (século XVII) e o Quilombo dos Palmares (século XVII); revoltas antifiscalistas do período colonial, normalmente contrárias aos monopólios comerciais exercidos pelos portugueses; conjurações separatistas do século XVIII, como a Inconfidência Mineira e a Conjuração Baiana; guerras civis de secessão no século XIX, como a Farroupilha no Sul e a Confederação do Equador no Nordeste; conflitos sociais no Brasil republicano, feito a Guerra de Canudos, no sertão da Bahia, e a Guerra do Contestado, em Santa Catarina.

Não bastassem as tensões internas, o Brasil envolveu-se, com maior ou menor intensidade, em conflitos internacionais relevantes: confrontos militares na região da bacia do rio da Prata, como as guerras da Cisplatina e do Paraguai, e a participação nas duas guerras mundiais.

AS GUERRAS GUARANÍTICAS

Desde o início do século XVII, os missionários da Companhia de Jesus vinham criando reduções para catequizar os índios guaranis no sul da América, ao longo do curso dos rios Uruguai, Paraguai, Paraná e Jacuí. A partir da década de 1630, bandeirantes paulistas começaram a atacar as aldeias da região para capturar e escravizar os índios catequizados. Era relativamente comum que colonos buscassem utilizar a mão de obra escrava do índio, considerada mais acessível e barata, sobretudo nas áreas economicamente menos prósperas.

A preferência dos bandeirantes por apresar índios catequizados ocorria também porque os nativos já estavam submetidos e adaptados a uma rotina de trabalho estabelecida pelos próprios religiosos da Companhia.

Além dos confrontos constantes com bandeirantes, os padres e índios se envolveram, sobretudo, nas chamadas Guerras Guaraníticas. Tais conflitos se explicam, em larga medida, pelos interesses de Portugal e Espanha na área então espanhola dos chamados Sete Povos das Missões (São Nicolau, São Borja, São Miguel, São Luís Gonzaga, São Lourenço, São João Batista e Santo Ângelo).

Em 1750, com a assinatura do Tratado de Madri, Portugal e Espanha tentam redefinir as fronteiras entre seus territórios. O acordo estabeleceu que a região dos Sete Povos seria entregue a Portugal e a Colônia do Sacramento ficaria sob jurisdição da Espanha. O mesmo acordo exigia que as missões fossem deslocadas para a banda leste do rio Uruguai.

Apoiados pelos jesuítas, os guaranis se recusam a deixar seu território, onde criavam gado, conforme o acordo diplomático entre os países ibéricos estabelecia. Explodiu então, em 1754, o confronto militar entre as forças guaranis e os exércitos de Espanha e Portugal. Em 1756, os dois exércitos ibéricos conseguem driblar a forte resistência indígena, conquistam e arrasam a região missionária.

CURIOSIDADE

O personagem mais famoso desse confronto foi Sepé Tiaraju, capitão das milícias guaranis assassinado pelas forças militares europeias durante a batalha de Caiboaté, que determinou a queda dos Sete Povos.

Sepé Tiaraju tornou-se um verdadeiro mito, transitando na tênue fronteira entre o fato e a lenda. Sua trajetória foi retratada na literatura por Basílio da Gama, no poema *O Uraguai*, e por Erico Verissimo, no primeiro livro do romance *O tempo e o vento*. Há até hoje o embate entre discursos sobre a memória de Sepé. Uns o descrevem como o índio cristão, catequizado e guerreiro; outros ressaltam sua fidelidade à cultura dos guaranis. Todos, todavia, atribuem a ele o perfil do herói apegado ao território, que teria demonstrado esse apreço na frase emblemática do amor ao chão que lhe é atribuída: "Essa terra tem dono!".

Uma popular lenda gaúcha, recriada por Simões Lopes Neto, diz que Sepé nascera trazendo na testa a marca de um lunar pequeno. Com a sua morte, o lunar subiu aos céus e brilha ao lado do Cruzeiro do Sul, iluminando a constelação que guia os gaúchos na imensidão dos pampas.

🔶 *É de dar água na boca* 🔶

Os índios guaranis faziam uso sistemático da erva-mate. Uma das heranças da cultura guarani aos povos do Sul é o hábito de se tomar o chimarrão, bebida digestiva feita com erva-mate moída, adicionada de água quente, e sorvida em uma cuia que pode ter o formato de um seio (o porongo) ou de uma esfera (a cueira). Para acompanhar o chimarrão, nada melhor que um churrasco à gaúcha, alimento popularizado pelos tropeiros e peões que, desde o século XVII, tinham na carne assada do gado a sua principal alimentação. A receita básica do churrasco gaúcho é a mais singela possível: carne com gordura (de preferência a costela), coberta de sal e levada ao fogo.

QUE DIA É HOJE?
★ 28 DE SETEMBRO DE 1871 ★

É promulgada no Brasil a Lei Rio Branco, mais conhecida como Lei do Ventre Livre. Teoricamente, a lei aboliria a escravidão no ventre materno e não nasceriam mais escravos no Brasil. Na prática, a lei estabelecia que os filhos das mulheres escravizadas ficariam sob a autoridade dos proprietários de suas mães até os 8 anos de idade. A partir daí, os senhores teriam duas opções: usar o trabalho do menor até a idade de 21 anos ou receber do Estado uma indenização de 600.000 réis. Neste caso, os menores seriam enviados a associações ou estabelecimentos cadastrados pelo Estado que poderiam explorá-lo até a maioridade. Como se vê, a lei que aboliu a escravidão no ventre materno institucionalizou, sob o manto da liberdade, o trabalho infantil.

QUILOMBOS

Em todas as regiões onde vigorou o trabalho escravo no Brasil colonial e monárquico existiram quilombos. A história da escravidão é uma história de resistência, direta ou negociada. Palmares está ligado à economia açucareira, assim como outros quilombos do Nordeste. Já os quilombos de Goiás e Minas Gerais, com destaque para o Quilombo do Ambrósio, estão relacionados à economia mineradora. Há inúmeros registros de quilombos no Pará, Rio Grande do Sul, Bahia, Maranhão, São Paulo, Pernambuco e Rio de Janeiro, por exemplo.

No último século de escravidão, o XIX, existiam vários quilombos nas cercanias das cidades, que mantinham, inclusive, contato com as zonas urbanas. Próximo à corte havia o Quilombo de Iguaçu, protegido por rios e mangues, que fornecia grande parte da lenha que era consumida no Rio de Janeiro. Em Itapoã, pertinho de Salvador, ficava o Buraco do Tatu; em Recife, o do Malunguinho. Há referências, nesses quilombos, à presença de índios, brancos pobres e foragidos da lei.

Nas últimas décadas da escravidão apareceram quilombos, também muito próximos às cidades, onde os negros contaram com a proteção e apoio de militantes do movimento abolicionista. O maior de todos foi o de Jabaquara, na Serra de Cubatão. O Jabaquara recebeu boa parte dos escravos que, naquela altura do campeonato fugiam das fazendas de café do Novo Oeste Paulista.

No Rio de Janeiro há ainda o famoso caso do Quilombo do Leblon, formado em terras de um comerciante abolicionista, bem próximo ao Centro e às zonas nobres da cidade. Os habitantes do quilombo cuidavam de uma plantação de camélias, que eram vendidas nas principais ruas da cidade – sobretudo na famosa e movimentada rua do Ouvidor. As camélias se tornaram um símbolo poderoso do movimento abolicionista. Quando a Princesa Isabel assinou a Lei Áurea, recebeu um ramalhete de camélias vindo das plantações do Leblon.

CURIOSIDADE

Em seu livro *África e Brasil africano*, lançado em 2007, Marina de Mello e Souza menciona as noitadas magníficas que moradores da cidade do Rio de Janeiro, incluindo jornalistas, políticos abolicionistas, poetas e escritores, passaram no Quilombo do Leblon, escutando as músicas feitas pelos quilombolas e assistindo aos batuques e danças. Desde então, o Rio, de topografia especialíssima, proporcionava essa troca de informações culturais e tinha na população de origem africana o seu mais poderoso e inventivo elemento civilizador.

GENTE SABIDA

66 Quem não tem amigo, mas tem um livro, tem uma estrada. **99**
Carolina Maria de Jesus

QUE DIA É HOJE?
★ 12 DE OUTUBRO DE 1810 ★
UM BRINDE À OKTOBERFEST

O casamento entre o rei Luís da Baviera e a princesa Teresa da Saxônia foi comemorado com uma corrida de cavalos que atraiu uma multidão. O sucesso da festa fez com que a corrida fosse realizada todos os anos, passando a ser conhecida como Oktoberfest de Munique. Em 1840, barracas que serviam comidas típicas da Baviera começam a ser montadas no evento. A partir de 1918, é liberada a venda de cervejas. Em pouco tempo, as corridas viraram coadjuvantes do maior encontro de cervejeiros da Alemanha. Em 1984, a colônia alemã de Blumenau, em Santa Catarina, passou a realizar a Oktoberfest brasileira. Em poucos anos, a festa fez de Blumenau o destino turístico de Santa Catarina mais procurado em outubro. Mais do que uma festa da cerveja, a Oktoberfest de Blumenau é uma celebração da tradição, dos costumes, da gastronomia, das danças e músicas da colônia alemã da região Sul do Brasil.

ALMANAQUE BRASILIDADES ❂ GUERRAS DO BRASIL

A GUERRA DOS SERTANISTAS DE CONTRATO

Os sertanistas de contrato eram bandeirantes que recebiam dinheiro, sobretudo na segunda metade do século XVII, para combater rebeliões indígenas, destruir quilombos e caçar negros escravizados fugidos. Ninguém fez isso melhor do que Domingos Jorge Velho. Nascido em São Paulo, provavelmente em 1641, Jorge Velho possuía um exército particular formado por quase 2 mil índios Oruaze, Tabajara e Copinharaém. Era tão famoso que foi contratado pelo Governo-Geral do Brasil, principal órgão administrativo da colônia, para destruir o Quilombo dos Palmares, que assustava os grandes proprietários de terras da região nordestina próxima à serra da Barriga.

Quando já estava marchando com seus comandados em direção ao quilombo, em 1688, recebeu ordens do governador-geral para desviar o caminho em direção ao Rio Grande do Norte. Os índios janduís tinham declarado guerra aos latifundiários, e era necessário que Jorge Velho, experiente nesse tipo de razia, os combatesse com presteza. Os janduís receberam o apoio dos cariris, dos ikós, dos karipunas, dos karatius e dos paiacus.

Esse conflito heroico, conhecido como Confederação dos Cariris, terminou praticamente sem sobreviventes por parte dos indígenas. Jorge Velho, que não fazia prisioneiros, degolou mais de 2 mil índios rebeldes e fez um colar com dezenas de orelhas secas. Recebeu, pelo feito, congratulações do governador-geral e retomou sua marcha em direção ao quilombo de Zumbi.

Após caminhar quase 2.000 quilômetros – ocasião em que cento e tantos de seus comandados morreram de fome –, Jorge Velho chegou ao quilombo. Empreendeu uma guerra implacável aos quilombolas. Usou métodos tão estúpidos que o próprio bispo de Pernambuco, Francisco de Lima, declarou que o sertanista era "o maior selvagem com quem tenho topado".

O representante do Conselho Ultramarino escreveu ao rei de Portugal que, "diante dos métodos que Domingos Jorge Velho utilizou no combate ao quilombo, é forçoso admitir que os paulistas são piores que os negros dos Palmares". O senhor de engenho Aires do Prado, que não era flor que se cheirasse, considerava Velho "um monstro de crueldade, mas necessário para acabar com a barbaridade dos negros".

ALMANAQUE BRASILIDADES ✻ GUERRAS DO BRASIL

No confronto palmarino, os bandeirantes botaram fogo em crianças, violentaram mulheres, furaram olhos de centenas de quilombolas, cortaram orelhas, enterraram gente viva, devastaram a terra, assassinaram e degolaram Zumbi, maior liderança negra da época.

Quando morreu, o bandeirante Jorge Velho deixou como legado um rastro de sangue poucas vezes visto na História do Brasil. Além de comandar a guerra contra Palmares e combater a Confederação dos Cariris, comandou guerras de extermínio contra os índios xucurus, os ikós, os koremas, os calabaças e os pimenteiras.

GENTE SABIDA

❝ O mundo não foi feito em alfabeto. Senão que primeiro em água e luz. Depois árvore. ❞
Manoel de Barros

QUE DIA É HOJE?
★ 23 DE OUTUBRO DE 1906 ★
ENTRE AS NUVENS

Com um biplano de bambu, forrado com seda chinesa e unido por juntas de alumínio, Alberto Santos Dummont realiza o primeiro voo oficialmente registrado de uma aeronave que decola com a força do motor. O 14-Bis sobe 4 metros e, em 21 segundos, percorre 220 metros do Campo de Bagatelle, em Paris. Em 2016, 110 anos depois, a cerimônia de abertura dos Jogos Olímpicos do Rio de Janeiro homenageou o 14-Bis, simulando um voo do aeroplano por sobre a cidade.

A GUERRA DO PARAGUAI

A Guerra do Paraguai (1864–1870) é dos assuntos mais controversos da História do Brasil. Maior conflito bélico que a América do Sul já presenciou, foi travada entre a Tríplice Aliança – composta por Brasil, Argentina e Uruguai – e o Paraguai. A guerra começou quando o Paraguai, respondendo a uma intervenção armada no Brasil em território uruguaio, invadiu a província brasileira do Mato Grosso e capturou o navio Marquês de Olinda.

Permanece até hoje certo confronto entre versões que explicariam a crise. Uma é aquela que atribui ao Paraguai a culpa pelo conflito e vê nos paraguaios os vilões da história. A outra atribui aos países da Tríplice Aliança, em especial ao Brasil, a responsabilidade do conflito e apresenta o Paraguai como uma promissora nação latino-americana que buscava a soberania e ameaçava os interesses ingleses na região. Há os que, com equilíbrio, fogem do maniqueísmo que um tema tão polêmico enseja. Temos vários outros elementos conflitantes nas versões sobre o confronto:

1. Há quem afirme que a guerra foi motivada pelos interesses do capitalismo inglês em destruir o desenvolvimento paraguaio, que ameaçava os projetos britânicos na bacia do Rio da Prata. Há quem diga que o conflito deveu-se, basicamente, a disputas por hegemonia geopolítica e controle das rotas de navegação no Cone Sul. O Paraguai tinha interesses expansionistas na região e o Brasil queria garantir a livre navegação na bacia do rio da Prata.

2. Há quem veja Solano López, líder paraguaio, como um herói libertador latino-americano, da estirpe de um Bolívar e de um San Martín. Há os que pintam López como um ditador sanguinário, que controlava seus exércitos mediante castigos corporais e desprezou tentativas diplomáticas de evitar a guerra. Foi considerado, até dentro do Paraguai, um tirano destemperado, até que teve a imagem recuperada pelo governo do ditador Alfredo Stroessner, que proibia inclusive a publicação de livros que criticassem o mito.

3. Há quem fale que os brasileiros se alistaram voluntariamente para lutar no conflito. Há quem lembre que os soldados de linha foram recrutados

na base do chicote. Eram, em geral, pobres, negros libertos e mendigos, que muitas vezes eram conduzidos em correntes até a corte, de onde embarcavam para a zona do conflito. Já em relação aos paraguaios, a coisa não era muito diferente. Os recrutamentos eram forçados e, em virtude dos desfalques que as forças armadas paraguaias vinham sofrendo, López convocou os velhos e as crianças para os combates. A disciplina militar nos dois lados era mantida na base da repressão.

4 Há quem afirme que o Paraguai era o único país latino-americano que tinha feito uma distribuição igualitária de terras, sendo pioneiro na reforma agrária abaixo do Equador. Há quem afirme, ainda, que noventa por cento das terras paraguaias eram fazendas do governo operadas por camponeses em regime de trabalho compulsório.

5 Há quem acredite que o Exército do Brasil na guerra era composto em sua maioria por escravos. No entanto, estudos mais recentes mostram que em 1868, terceiro ano de pancadaria, os negros formavam cerca de cinco por cento dos efetivos militares do Brasil. Até o final da guerra, em 1870, o alistamento de escravos aumentou. Os estudos mais consistentes apontam em, no máximo, vinte por cento a taxa de cativos que lutaram no conflito.

CURIOSIDADE

Controvérsias sobre a maior guerra do Cone Sul da América, como se vê, é que não faltam. No fim das contas, o Paraguai sofreu acentuada diminuição de sua população, foi submetido a uma ocupação militar por quase uma década, pagou indenizações de guerra e perdeu territórios: o Brasil anexou a região entre os rios Apa e Branco, aumentando o território do Mato Grosso; e a Argentina anexou a região do Chaco Central. O Brasil mergulhou em grave crise financeira – o Império gastou quase o dobro de sua receita nos anos de combate –, assistiu ao fortalecimento do Exército e viu crescer a campanha pela abolição da escravatura, em boa medida estimulada pelo recrutamento de negros escravizados para o conflito.

QUE DIA É HOJE?
★ 29 DE OUTUBRO DE 1810 ★
DIA NACIONAL DO LIVRO

Nesta data, o príncipe regente d. João, que escapara para o Brasil fugindo das guerras napoleônicas na Europa, anunciou oficialmente a criação da Biblioteca Nacional do Brasil, a partir do acervo de mais de 60 mil livros e documentos da Real Biblioteca Portuguesa. Por este motivo, o dia 28 de outubro é consagrado no Brasil como o Dia Nacional do Livro.

CABANOS E FARRAPOS

A maior rebelião popular ocorrida na história do Brasil é a Cabanagem. Os cabanos – mestiços, índios destribalizados e negros libertos – se levantaram em 1835 contra as precárias condições de vida na província do Pará e a prerrogativa que a corte tinha de nomear os presidentes das províncias.

A situação no Pará já era explosiva desde pelo menos o início do período regencial. Em 1831, por exemplo, houve fortes manifestações populares, duramente reprimidas, em Belém. Em um dos episódios mais dramáticos da nossa história, 256 rebeldes do levante daquele ano morreram asfixiados no porão do brigue Palhaço, onde tinham sido aprisionados para serem enviados às distantes fronteiras do Amazonas.

A própria denominação dada aos rebeldes revela o caráter popular da rebelião paraense. Os revolucionários, em sua imensa maioria, moravam em cabanas nas periferias de Belém, do Baixo Tocantins, de Santarém e de Óbidos. Chegaram a assumir o controle da capital paraense durante quase um ano – a partir da ação da madrugada de 7 de janeiro de 1835, quando tomaram os quartéis de Belém e mataram o presidente da província e o comandante militar do Pará.

A repressão ao levante foi duríssima. As tropas do Império, comandadas pelo marechal Francisco José Andréia, perseguiram de forma implacável os rebeldes, que à entrada do exército tinham se dispersado pela floresta e pelos rios da região. A repressão deixou o número de 35 mil rebeldes mortos – mais de trinta por cento da população do Pará. Um relato de Domingos Raiol, testemunha do massacre, é elucidativo do drama:

"Rebeldes verdadeiros ou supostos eram procurados por toda a parte e perseguidos como animais ferozes! Metidos em troncos e amarrados, sofriam suplícios bárbaros, que muitas vezes lhes ocasionavam a morte. Houve até quem considerasse como padrão de glória trazer rosários de orelhas secas de cabanos."

No mesmo ano em que explodiu a rebelião no Pará, começou no Rio Grande do Sul a Guerra dos Farrapos, revolta separatista liderada pelas elites gaúchas que criavam gado e produziam charque, revoltadas com o governo central do Império do Brasil, que taxou o charque gaúcho e criou incentivos para a importação do charque platino.

Vale transcrever um pronunciamento feito pelo barão de Caxias, comandante das tropas que combateram os separatistas do Sul, ao final do conflito nos pampas:

"Reverendo! Precedeu a esse triunfo derramamento de sangue brasileiro. Não conto como troféu desgraças de concidadãos meus, guerreiros dissidentes, mas sinto as suas desditas e choro pelas vítimas como um pai pelos seus filhos. Vá reverendo, vá! Em lugar de Te Deum, celebre uma missa de defuntos, que eu, com meu Estado Maior e a tropa que na sua igreja couber, irei amanhã ouvi-la, por alma de nossos irmãos iludidos que pereceram no combate."

Enquanto os cabanos foram perseguidos, torturados e mortos que nem bichos na floresta, os fazendeiros gaúchos mereceram uma honrosa missa de defuntos com a presença do Estado Maior das Forças Armadas do Império. Orelhas secas de cabanos eram exibidas como medalhas do triunfo; os estancieiros mereceram o choro comovido do marechal, feito o pranto de um pai pelos seus filhos.

Um país, dois pesos, duas medidas?

QUE DIA É HOJE?
★ 31 DE OUTUBRO ★
DIA DO SACI

Em contraposição ao crescimento da festa do Dia das Bruxas no Brasil, comemoração originada das tradições celtas de Halloween redefinidas nos Estados Unidos, o Congresso Nacional aprovou, em 2003, a criação do Dia do Saci, com o objetivo de valorizar as tradições do folclore brasileiro. A maior festa do saci realizada no país ocorre em São Luiz do Paraitinga, cidade em que foi criada a Sociedade de Observadores de Saci (Sosaci), entidade formada para difundir o conhecimento dos mitos da cultura popular brasileira.

CANUDOS E O BEATINHO

A Guerra de Canudos (1897) envolveu a criação de uma comunidade mística no sertão da Bahia, liderada pelo beato cearense Antônio Vicente Mendes Maciel, o Conselheiro, que anunciava a volta do rei de Portugal d. Sebastião. Desaparecido em 1578, numa batalha no Marrocos, o rei Sebastião voltaria como anunciador do reino de Jesus Cristo e do fim dos tempos. Conselheiro também pregava contra a República – ao separar o Estado da religião, o regime instaurado em 1889 estaria a serviço do maligno.

Além disso, e talvez mais do que isso, Canudos adotou um modelo de economia comunitária e cresceu a ponto de gerar uma crise de mão de obra na região, afrontando os interesses dos coronéis baianos. Depois de três expedições militares malsucedidas – na terceira faleceu o coronel Moreira César, um dos nomes mais famosos das forças armadas brasileiras, – o Exército estava disposto a liquidar o arraial, com o argumento de que os seguidores de Conselheiro ameaçavam a República e a civilização no Brasil.

Perto do fim do confronto, cerca de quatrocentos homens, mulheres, crianças, velhos e mutilados, sitiados por mais de 3 mil militares, sucumbiam às mazelas da sede e da fome. O beato Antônio Conselheiro havia morrido poucos dias antes e os homens do poder pareciam não se contentar com a simples rendição do arraial.

Antônio Beatinho, um devoto do Conselheiro, saiu do esconderijo balançando uma improvisada bandeira branca e se dirigiu ao comandante das forças militares que combatiam o povo de Canudos, o general Arthur Oscar. Avisou a ele que cerca de trezentos sertanejos estavam dispostos a desistir da refrega, em troca, apenas, de um tratamento digno às mulheres, crianças e velhos que estavam entre eles. O general aceitou as condições dos derradeiros combatentes.

Conforme o combinado, o Beatinho se entregou. Um acordo de cavalheiros parecia, finalmente, instaurar um rasgo de sanidade nas lonjuras do sertão da Bahia. O código de honra das justas medievais, tão presente no sertão armorial e seguido pelos jagunços do beato Conselheiro, talvez desse ao Beatinho a certeza de que o compromisso com a autoridade republicana seria respeitado. O general dera a ele a sua palavra de homem.

Mas não terminou assim. Os cerca de trezentos sertanejos resolveram desistir e acabaram sumariamente degolados, em nome da República e da civilização. Não foram poupadas as mulheres e crianças. A instauração da ordem, nas palavras das autoridades republicanas, estava garantida, contra a barbárie jagunça.

CURIOSIDADE

Ao final da guerra, o corpo do líder de Canudos, Antônio Conselheiro, foi desenterrado e o cadáver submetido à degola. A cabeça foi enviada à Escola de Medicina da Bahia, onde o doutor Nina Rodrigues, ardoroso defensor dos progressos da ciência, a analisou para detectar indícios de debilidade mental na configuração da caixa craniana. Nada de anormal foi detectado. Em 1905, um incêndio destruiu a faculdade e o fogaréu consumiu a cabeça do beato.

PARA SABER MAIS

O livro *Os Sertões*, clássico de Euclides da Cunha sobre a guerra no sertão baiano, de 1903, e o filme *Guerra de Canudos*, dirigido por Sérgio Rezende, de 1997, elucidam os temas aqui abordados.

GENTE SABIDA

❝ Umbuzeiro é a árvore sagrada do sertão. ❞
Euclides da Cunha

QUE DIA É HOJE?
★ 2 DE NOVEMBRO ★
DIA DE FINADOS

Os católicos comemoram o Dia de Finados. No Brasil, a tradição popular é a do recolhimento em homenagem aos defuntos, ao contrário do México, em que a data é mais popular que o Carnaval. Diz a tradição mexicana que o Dia dos Mortos é comandado pela deusa indígena Mictecacihuatl, esposa de Mictlantecuhtli, o senhor do reino dos mortos. A mestiçagem cultural fez com que a deusa indígena fosse aproximada à La Catrina, uma dama defunta da alta sociedade que – em forma de esqueleto e sempre bem vestida – comanda as festanças. La Catrina teve a imagem popularizada no século XIX pelas gravuras do artista plástico José Guadalupe Posadas.

No Brasil, ainda é forte a tradição popular do "céu que chora", a crendice de que o Dia de Finados é sempre chuvoso.

A GUERRA PARA FRANCÊS VER

A presença de franceses no litoral brasileiro, ao longo do período colonial, foi constante. De todos os episódios envolvendo a francesada e o Brasil, o mais fascinante é a Festa Brasileira em Rouen, que pode ser considerada o primeiro desfile de uma escola de samba da História. A coisa foi tão quente que, mais de quatrocentos anos depois, o fuzuê virou mesmo enredo da Imperatriz Leopoldinense e do Império Serrano.

Os armadores e comerciantes de Rouen estavam de olho nas expedições ao Brasil, sobretudo em virtude do tráfico de madeiras e aves tropicais. Para convencer o rei Henrique II e a rainha Catarina de Médici a investir nas expedições ao litoral brasileiro, os homens de negócio organizaram uma festa monumental, no dia 1º de outubro de 1550.

Às margens do rio Sena, os franceses montaram um cenário de fazer o carnavalesco Joãosinho Trinta parecer diretor de teatro infantil sem recursos. As ár-

ALMANAQUE BRASILIDADES ❀ GUERRAS DO BRASIL

vores foram enfeitadas com frutos e flores tropicais; micos, araras, papagaios e tatus foram trazidos do Brasil e soltos no local. Em malocas indígenas construídas para o evento, circulavam trezentos e tantos tupinambás peladões, recrutados aqui especialmente para o furdunço. Marinheiros normandos transitavam fantasiados de colonos nos trópicos. Prostitutas foram recrutadas nos lupanares locais para simular danças sensuais e namorar os nativos.

O mais impressionante é que a performance foi coreografada. Os índios e os figurantes colhiam frutas, carregavam madeira, conversavam com papagaios, deitavam nas redes, simulavam pescarias, tocavam maracas, faziam fogueiras.

No momento mais desvairado do teatro, a aldeia foi atacada por um grupo representando os tabajaras, inimigos dos tupinambás. O couro comeu: árvores foram derrubadas, canoas viradas, figurantes simularam cenas de canibalismo e, no clímax absoluto, o cenário foi incendiado. Apesar de simulado, o combate foi violentíssimo e terminou com a celebração da vitória tupinambá sobre os inimigos.

CURIOSIDADE

Além dos reis, de nobres, cardeais, prelados e príncipes, estava presente no evento o capitão Nicolas Villegagnon, que pouco tempo depois lideraria a tentativa de fundar no Rio de Janeiro a colônia da França Antártica. Os monarcas se declararam entusiasmados com as emoções fortíssimas da vida nos trópicos e prometeram o auxílio do estado às investidas no Brasil. A rainha, que só conseguia chamar os índios de "tupinambô", declarou-se particularmente impressionada com dois nativos imensos. Ambos permaneceram na França empregados como serviçais do cerimonial da soberana.

GENTE SABIDA

❝A união do rebanho obriga o leão a ir dormir com fome.❞

Provérbio africano

A SEDIÇÃO DE JUAZEIRO

O padre Cícero Romão Batista é um dos mais controversos personagens da História do Brasil. Realizou prodígios de fé, converteu multidões e fez de Juazeiro do Norte, Ceará, um dos maiores centros de romaria cristã do mundo. Sua pastoral sertaneja ainda arrebata milhões de fiéis, em um espetáculo de fé que só encontra similar na romaria do Círio de Nazaré.

Ao mesmo tempo, o padre benzeu rifles, punhais e bacamartes de jagunços para fazer sedições no Cariri. Envolveu-se com política, ligou-se aos coronéis e foi o primeiro prefeito de Juazeiro. Foi eleito deputado federal e negociou a entrega da patente de capitão da força pública brasileira a Lampião, para que o cangaceiro enfrentasse a Coluna Prestes.

Não bastasse isso, ficou milionário à custa de esmolas e doações de fiéis, mas manteve o voto de pobreza. Viveu como um asceta e não aproveitou um tostão da dinheirama que amealhou.

Em certa ocasião, no ano de 1914, o governo do presidente Hermes da Fonseca resolveu intervir no governo cearense para enfraquecer o poder das oligarquias locais e desarticular suas estruturas de dominação. A intervenção federal afastou do poder a família Acyoli, que dominava tradicionalmente a política no Ceará em articulação com os coronéis.

Contra essa intervenção se levantaram o Padre Cícero e o médico e político Floro Bartolomeu, articulados aos coronéis prejudicados. O caldo que envolvia a miséria na região de Juazeiro do Norte e o fanatismo religioso convenceu os sertanejos da necessidade de promover uma espécie de guerra santa contra os inimigos da fé, representados pelo governo federal.

A sedição de Juazeiro se transformou numa verdadeira guerra no Ceará. Os sertanejos, com seus rifles benzidos pelo padre, lutaram com ardor contra o governo nomeado, incendiando o Cariri.

No final das contas, o governo federal cedeu e a intervenção foi anulada. Os Acyoli voltaram ao poder e o padre Cícero Romão Batista, cada vez mais polêmico, tornou-se também cada vez mais poderoso e venerado.

❧ É de dar água na boca ❧

O clima seco e quente do sertão brasileiro fez com que se desenvolvesse uma cozinha simples e muito saborosa na região. A carne-seca é o seu prato mais famoso, já que salgar a carne, para que ela se conservasse mais tempo, era uma necessidade dos vaqueiros que percorriam longas distâncias na caatinga. A carne de bode, um animal muito presente no sertão, também é apreciada. A buchada de bode, feita com as vísceras de um cabrito temperadas com sal, cheiro-verde, folha de louro, hortelã, pimenta-do-reino e cebola, é um dos clássicos da cozinha sertaneja brasileira. As vísceras devem ser, depois de refogadas, colocadas no interior do bucho e costuradas com agulha e linha. Depois de cozida em fogo brando por algumas horas, a buchada está pronta para ser servida com farinha de mandioca e muita pimenta.

QUE DIA É HOJE?
★ 20 DE NOVEMBRO ★
DIA DA CONSCIÊNCIA NEGRA

A data da morte de Zumbi dos Palmares, em 1695, foi escolhida para ser o Dia da Consciência Negra, instituído pela Lei 12.519, de 2011. Para os militantes do movimento negro, cuja luta foi fundamental para a oficialização da data, o dia 20 de novembro deve ser dedicado a reflexões, ações e celebrações que entendam a história dos afrodescendentes no Brasil como uma história de resistência, de inúmeras maneiras, ao cativeiro.

A CIDADE CONTRA A VACINA

"**S**e eu não exterminar a febre amarela em três anos, pode me fuzilar." Foi assim que o jovem sanitarista Oswaldo Cruz – então com 29 anos – embarcou na proposta do presidente Rodrigues Alves (1902–1906) de sanear a cidade do Rio de Janeiro.

Viver pelas bandas do Rio no início do século XX não era fácil. A febre amarela atacava no verão (causando cerca de 1.200 mortes por ano); a varíola fazia o estrago no inverno (3 mil e tantos defuntos por temporada) e, em todas as estações, a peste bubônica espalhava a morte pelo balneário.

O presidente da República, que tinha perdido um filho numa epidemia de febre amarela, deu carta branca ao dr. Cruz para a campanha de higienização da cidade. Começou criando um esquadrão, que caçava ratos, para atacar a peste bubônica. Obteve a adesão entusiasmada da população, ainda mais quando prometeu que pagaria 300 réis por ratazana morta. Teve gente se animando até para negociar a venda de roedores no mercado paralelo.

Após a campanha vigorosa contra a peste, a ordem era liquidar os mosquitos para eliminar a febre amarela. Foi criada uma brigada de combate aos focos, com autorização para invadir residências, pulverizar casas, interditar mocambos e, em último caso, colocar fogo em tudo.

A imprensa carioca não perdoou o cientista. Oswaldo Cruz foi ridicularizado em caricaturas, chamado de "czar dos mosquitos" e acusado de estar maluco – já que pouca gente acreditava que eram de fato os insetos que transmitiam a febre amarela. O principal assessor de Cruz, o dr. Carneiro de Mendonça, chefe da brigada mata-mosquito, foi chamado de "mosquiteiro-mor", "fanático estegomicida" e "Maomé do sanitarismo".

Mal sabiam os detratores que o homem estava certo. Oswaldo Cruz, atualizado com o que havia de mais moderno na medicina sanitarista, acreditava firmemente na descoberta do médico cubano Carlos Finlay, que, em 1881, afirmara que o mosquito rajado *Aedes aegipty* era o transmissor da maldita febre.

O esforço de guerra funcionou, o mosquito era mesmo o vilão, e o sanitarista, tremendamente ridicu-

ALMANAQUE BRASILIDADES ❖ GUERRAS DO BRASIL

larizado, liquidou a doença, conforme prometera ao presidente da República.

Nada se comparou, porém, ao furdunço que explodiu quando o Congresso aprovou, em 31 de outubro de 1904, a proposta mais polêmica da revolução sanitária de Oswaldo Cruz: a lei da vacina obrigatória contra a varíola. A Revolta da Vacina, famoso charivari que tomou conta das ruas do Rio de Janeiro no início do século passado, não se explica somente pelo temor que a população sentia da vacinação obrigatória.

A população da cidade, sobretudo a de baixa renda, tinha razões para estar enfurecida. Os aluguéis eram caros, o desemprego crescia, os salários diminuíam e, no meio de tudo isso, o prefeito Pereira Passos iniciara uma reforma urbana que visava transformar a cidade numa espécie de Paris tropical, com a demolição de cortiços e hospedarias, a abertura de largas avenidas e a expulsão das camadas populares do centro.

Nesse clima, a notícia de que todos deveriam tomar a vacina explodiu como uma bomba. Sem qualquer esclarecimento sobre a eficácia da vacinação, a população sabia apenas que brigadas de vacinadores, acompanhados por policiais armados, teriam autorização para violar residências, vacinar as pessoas e prender os que se recusassem a tomar a danada. Até mesmo Rui Barbosa, considerado o sujeito mais inteligente do país, declarou que ninguém teria o direito de contaminar seu sangue com um vírus. Àquela época, o próprio princípio da vacinação era polêmico.

A revolta explodiu no dia 10 de novembro, quando um comício contra a vacina terminou com oradores presos no palanque pelo efetivo policial. A população literalmente quebrou a cidade. Teve de tudo: bondes incendiados, lojas depredadas, postes de luz destruídos, palacetes *art nouveau* devidamente atacados. Membros da elite escaparam para seus palacetes de verão em Petrópolis e Teresópolis.

No meio da confusão, explodiu uma rebelião de cadetes da Escola Militar da Praia Vermelha, que planejaram atacar o Palácio do Catete e derrubar o presidente da República, Rodrigues Alves. Após intenso tiroteio que varou a madrugada de 15 de novembro, o saldo do levante militar era assustador, com vários cadáveres estendidos no Largo do Machado.

Para piorar a situação, pais de família ameaçavam receber os vacinadores à bala, como o argumento de que "a aplicação da vacina em braços e virilhas de donzelas era uma imoralidade capaz de despertar demônios adormecidos nas moças".

CURIOSIDADE

Moradores negros da Zona Portuária, que cultuavam os orixás africanos, evocaram a proteção de Omolu, o poderoso deus da peste e da saúde, e rufaram os atabaques durante a pancadaria. Operários anarquistas ajudaram a erguer barricadas para proteger as casas de santo da repressão policial. Foi ali, onde vivia a população negra, que a revolta foi mais efetiva. A reação do poder público não tardou. O governo decretou estado de sítio. Cortiços, hospedarias e favelas foram invadidos e milhares de moradores pobres foram detidos e enviados ilegalmente para campos de trabalho forçado nos seringais da Amazônia. A vacinação, interrompida no dia 11 de novembro, foi reiniciada e a varíola devidamente erradicada do Rio de Janeiro em pouco tempo.

GENTE SABIDA

❝ O coração pode ver mais profundamente que os olhos. ❞
Provérbio iorubá

A BATALHA DAS TONINHAS

A participação do Brasil na Primeira Guerra Mundial não foi propriamente brilhante. O país só decidiu entrar no confronto quando o jogo estava quase definido. O presidente Venceslau Brás declarou guerra aos alemães no fim de 1917, depois que três navios mercantes brasileiros foram afundados pelos germânicos, interessados em cortar o abastecimento dos países da Entente.

Apesar da declaração de guerra formal, relutamos em enviar tropas para combater ao lado dos aliados. O governo não confiava muito nos nossos efetivos militares. Depois de muita lenga-lenga foi definido o envio, no final de 1917, de aviadores, médicos e uma divisão naval para a Europa.

Os aviadores praticamente não saíram do chão. Os médicos atuaram com dignidade na França, apesar da desconfiança dos médicos europeus. A divisão naval é que assumiu o protagonismo das operações brasileiras no confronto.

Os marinheiros do Brasil foram encarregados da patrulha da costa do Senegal, no Atlântico. Atracaram em Dacar, onde a epidemia de gripe espanhola matou um número significativo de brasileiros.

Para escapar da mortífera epidemia, a marujada foi deslocada para Gibraltar. Ao se aproximar do local, a tripulação defrontou-se com um cardume gigantesco de toninhas – cetáceos que medem mais de 1,5 metro e são muito similares aos golfinhos. Um soldado mais afoito deu o alerta de que estavam cercados por dezenas de submarinos alemães. A esquadra canarinho não teve dúvidas e abriu fogo contra as pacíficas toninhas, com o ímpeto guerreiro de quem estava combatendo meliantes germânicos de alta periculosidade. Após exaustivo bombardeio, alguém percebeu que não havia um mísero submarino inimigo à espreita. Encerrou-se assim a épica Batalha das Toninhas, momento emocionante da participação brasileira na guerra.

CURIOSIDADE

Depois desse mal-entendido, os brasileiros desembarcaram em Gibraltar, preparados para enfrentar combates monumentais. Não ocorreram, todavia. No dia seguinte ao desembarque brasileiro, chegou a notícia da capitulação alemã e do fim da guerra.

A GUERRA DA LAGOSTA

A confusão começou no início da década de 1960, quando um barco da Marinha brasileira flagrou uma embarcação francesa pescando lagostas em águas territoriais brasileiras, sem autorização para tal. Os franceses foram postos para correr da costa do Brasil.

Estabeleceu-se, a partir daí, um ardoroso debate sobre a regulamentação da pesca e a respeito do status da lagosta como bem patrimonial brasileiro. Os franceses chegaram a enviar um contingente naval para a área da quizumba. Reagimos sob o brado patriótico de "A lagosta é nossa!", rememorando a campanha pela nacionalização do petróleo no final dos anos 1940. Mobilizamos as Forças Armadas, mandamos uma esquadra para a região e nos preparamos para a guerra. Foi montada a secretíssima Operação Lagosta, com intuito de reagir a qualquer ação francesa.

Travou-se um vigoroso confronto diplomático entre os dois países, com direito a mediação do Conselho de Segurança da ONU. Os especialistas franceses sustentavam na discussão que a lagosta era apanhada quando estava nadando, sem contato com o assoalho submarino brasileiro. Podia, por isso, ser considerada um peixe.

A população discutia apaixonadamente a questão momentosa: "É a lagosta um peixe?". Velhos marinheiros eram consultados e acalorados debates na televisão tinham o crustáceo como tema. Nosso especialista em oceanografia no embate, o almirante Paulo Moreira, argumentou que o Brasil não aceitava a tese francesa de que a lagosta virava um peixe ao dar seus pulos se

afastando do fundo do mar. Se assim fosse, justificou o arguto brasileiro, o canguru deveria ser considerado uma ave no momento em que dava seus saltos.

O argumento duvidoso da nossa chancelaria – se a lagosta é um peixe, o canguru é um pássaro – desarticulou o discurso francês e garantiu a vitória brasileira na contenda. Nossos direitos foram reconhecidos e a lagosta passou a ser considerada brasileira.

CURIOSIDADE

Diante das notícias de que passeatas em Pernambuco bradavam "lagosta ou morte" e de um projeto da câmara de vereadores de uma cidade do sertão da Paraíba que propunha dar a todas as lagostas do mundo a cidadania brasileira, o embaixador brasileiro em Paris, Carlos Alves de Souza Filho, fez a famosa declaração de que o Brasil não é um país sério. A frase acabou creditada ao presidente francês, Charles de Gaulle, o que só serviu para apimentar a crise.

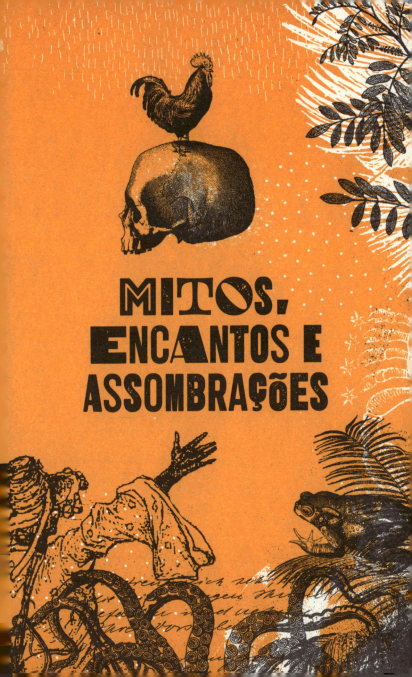

ENCRUZILHADAS

Encruzilhadas são lugares de encantamentos para todos os povos e sempre seduziram mulheres e homens.

Os gregos e romanos ofertavam a Hécate, a deusa dos mistérios do fogo e da lua nova, oferendas nas encruzilhadas. No Alto Araguaia, era costume indígena oferecerem-se comidas propiciatórias para a boa sorte nos entroncamentos de caminhos. O padre José de Anchieta menciona presentes que os tupis ofertavam ao curupira nas encruzilhadas dos atalhos. O profeta Ezequiel viu o rei da Babilônia consultando a sorte numa encruzilhada. Gil Vicente, no Auto das Fadas, conta a história da feiticeira Genebra Pereira, que vivia pelas encruzilhadas evocando o poder feminino.

Para os africanos, o Aluvaiá dos bantos, aquele que os iorubás conhecem como Exu e os fons como Legbá, mora nas encruzas. Conta o povo do Congo que Nzazi imolou em uma encruzilhada um carneiro para fazer, esticando a pele do bicho num tronco oco, Ingoma, o primeiro tambor do mundo.

No universo fabuloso da música, dizem que Robert Johnson, uma lenda do *blues*, negociou a alma com o Tinhoso numa encruzilhada do Mississipi. No Brasil caipira, há mitos sobre a destreza que alguns violeiros conseguiam ao evocar o sobrenatural num cruzamento de caminho.

O fato é que a humanidade sempre encarou os caminhos cruzados com temor e encantamento. A encruzilhada, afinal, é o lugar das incertezas das veredas e do espanto de se perceber que viver pressupõe o risco das escolhas. Para onde caminhar? A encruzilhada desconforta, esse é o seu fascínio.

CURIOSIDADE

O violeiro Paulo Freire – músico e historiador da viola caipira – conta que um dos artifícios para se ter destreza no instrumento era enfiar a mão no buraco de uma parede de taipa de uma igreja deserta, localizada em uma encruzilhada, à meia-noite. Bastava então invocar o diabo e sentir uma mão agarrar e quebrar todos os seus dedos. Após a recuperação das fraturas, o dom para fazer miséria com o instrumento iria aflorar. Para quebrar o pacto, o violeiro deveria virar devoto de São Gonçalo do Amarante, enfeitar o instrumento com fitas coloridas e mandar o Coisa Ruim de volta às profundas.

GENTE SABIDA

❝Sou um homem mais de fé do que de culto. Posso recusar a extrema-unção; vou me entender pessoalmente com Deus.❞

Luís da Câmara Cascudo

A ONÇA-BORGES

A Onça-Borges é um animal fantástico, portentoso, que vive pela região das Minas Gerais atacando a vacaria. Sua história vem de longe.

Havia nas Minas, em tempos imemoriais, uma velha índia com fama de feiticeira. Um vaqueiro, Manoel Borges Ventura, resolveu testar os poderes da mulher. Foi, acompanhado por um amigo, visitar a velha e lançou um desafio qualquer que a irritou. Questionada em seus dotes fabulosos, ela prometeu transformar o vaqueiro em uma onça. Ele aceitou, contanto que voltasse logo à forma humana.

O trato era simples: o vaqueiro tomaria uma beberagem e a transformação iria acontecer. Para voltar a ser homem, bastaria o amigo colocar na boca da onça um molho de folhas verdes e tudo ficaria como dantes no quartel de Abrantes.

O homem tomou a bebida mágica e, imediatamente, ficou de quatro, virado em felino. O problema é que o amigo, assombrado, fugiu antes de colocar as folhas na boca do bicho.

Surgiu aí a terrível Onça-Borges. Violenta, arisca, imensa, começou a aprontar o diabo na região. Procedeu-se, então, épica caçada. Mais de mil homens, fortemente armados, saíram pelos sertões das Gerais atrás da bicha. Depois de longa arenga, a Onça-Borges foi assassinada.

Como, porém, o mundo é mágico, a Onça-Borges, de tempos em tempos, aparece encantada pelos campos. Dizem que, entristecida e cada vez mais arisca, procura o amigo que prometeu quebrar o feitiço da velha índia. Enquanto isso, como é da natureza das onças, ataca os rebanhos e impõe o terror à vacaria.

CURIOSIDADE

As onças têm mandíbulas capazes de quebrar ossos e cascos de tartarugas. As mordidas de onças são consideradas duas vezes mais letais que as de um leão. Apesar disso, elas costumam fugir de seres humanos. Preferem mesmo comer antas, capivaras, peixes, veados, sapos e cobras. Normalmente só atacam seres humanos para defender os seus filhotes.

PARA SABER MAIS

No conto de Guimarães Rosa, "Meu tio o iauaretê", no livro *Estas estórias*, um bugre contratado para matar onças acaba se identificando com elas. A palavra "Iauaretê" vem do tupi *yawareʼte*: onça verdadeira.

QUE DIA É HOJE?
★ 1º DE DEZEMBRO ★
DIA DO NUMISMATA

A numismática (do latim *numisma*, moeda) é a área do saber que estuda moedas, medalhas e objetos similares. Os numismatas são, portanto, aqueles que estudam e colecionam moedas. No Brasil, o dia 1º de dezembro é considerado oficialmente o Dia do Numismata. Mas por que será? O santo explica.

Nascido na França, no ano de 588, Elói de Noyon foi o ourives mais talentoso de seu tempo. Convidado pelo rei Clotário, sabedor de seu talento, foi a Paris fazer dois tronos de ouro. Usava todo dinheiro que recebia para restaurar mosteiros e fazer caridade. Em 639, abraçou definitivamente a vida religiosa. Foi Bispo de Flandres e morreu em 1º de dezembro de 660, em missão evangelizadora na Holanda. Canonizado, passou a ser o padroeiro dos ourives, joalheiros e numismatas. Em virtude disso, o dia de Santo Elói é considerado o Dia dos Numismatas Brasileiros.

A ONÇA CABOCLA

A Onça Cabocla é uma felina que tem o poder de se transformar em velha tapuia. Seu alimento predileto é fígado humano e a bebida que mais lhe agrada é o sangue da vítima.

Quase imortal, só há uma maneira de matar a Onça Cabocla. Ela morre se for encarada, no fundo dos olhos, por uma mulher menstruada. Cai durinha da silva.

É mais ou menos como o Pai-do-Mato, famosa assombração das matas de Alagoas, que tem cabelos imensos, unhas de 10 metros e orelhas de cavaco. Dá um urro que estronda em toda a mata e engole gente sem mastigar. Não pode ser morto por faca ou bala. Só há duas formas de liquidá-lo: ou se acerta uma roda que ele tem no umbigo ou se coloca uma donzela menstruada na frente do monstro que, nesse caso, cai fulminado.

CURIOSIDADE

No imaginário popular, o fluxo catamenial é tabu. Os antigos diziam que uma mulher menstruada não podia atravessar água corrente, passar perto de ninhos de aves, tocar em árvores com frutos verdes, fazer a cama de recém-casados, dar o primeiro banho numa criança, tocar em bebidas em processo de fermentação e outras coisas do tipo. Tudo que estivesse em desenvolvimento e fosse tocado por uma mulher nas regras, pereceria.

GENTE SABIDA

❝O livro é um mudo que fala, um surdo que responde, um cego que guia, um morto que vive.❞
Padre Antônio Vieira

O CAPELOBO

Capelobo é um animal assombroso. Tem corpo de homem, repleto de pelos, e cabeça de tamanduá-bandeira. Há quem afirme que seu focinho é de anta e que vive entre o Pará e o Maranhão.

Dizem os índios timbiras que o Capelobo sai às noites devorando cachorros recém-nascidos, rasgando carótidas e bebendo o sangue de animais. Os desavisados pensam que é coisa de onça-pintada.

O Capelobo emite gritos pavorosos e tem o pé em forma de fundo de garrafa. Para matá-lo, é necessário que se acerte uma flechada, um tiro, ou coisa que o valha, no umbigo. Já os índios que habitavam as matas do Pindará, no Maranhão, acreditam que o monstro morrerá se alguém colocar o dedo no seu orifício anal.

Dizem que quando o Capelobo encontra um ser humano, tem a capacidade de se fazer passar por um de nós. Quando ganha a confiança do sujeito, abre-lhe, em meio a um abraço, um buraco no crânio, mete o focinho por ali e sorve toda a massa encefálica do infeliz. O Capelobo é um raptor de cérebros. O sujeito não compreende o que ocorreu e perde a capacidade de raciocínio.

CURIOSIDADE

Os índios tucanos falam também de um chupador de cérebros, o Bolalo, que vive margeando igarapés onde o Jurupari – uma espécie de demônio que assusta os índios em sonhos – guarda seus instrumentos encantados.

QUE DIA É HOJE?
★ 2 DE DEZEMBRO DE 1962 ★
DIA NACIONAL DO SAMBA

Neste dia foi encerrado o 1 Congresso Nacional do Samba, realizado no Rio de Janeiro, e divulgada a Carta do Samba, com reflexões propostas pelo etnólogo Edson Carneiro, sobre o gênero musical. A carta demonstrava a preocupação com alterações que o samba vinha sofrendo. Na visão dos participantes do evento, essas alterações poderiam descaracterizar completamente o samba como gênero musical configurado pela síncopa, um deslocamento da acentuação rítmica típico da música centro-africana. Por causa disso, a data da divulgação da carta passou a ser oficialmente considerada como o Dia Nacional do Samba.

PARA A LUA VOLTAR

Mitos, devoções, crendices e encantamentos sobre a lua estão fortemente arraigados entre índios, africanos e europeus. Da madrinha de meninos em Portugal (a dindinha lua), passando pelos sortilégios da boa sorte entre os bantos ou da contagem dos tempos pela mudança das fases entre os cariris, a força da lua e os sentidos a ela atribuídos marcam a nossa cultura.

De tudo que cerca a lua, todavia, o eclipse é o fenômeno que despertou os maiores encantamentos em antanho. Da tradição portuguesa vem a crença de que a lua eclipsada é uma lua doente, que aparece amarelada porque está com icterícia. Quem olha para ela se arrisca a adoecer também. Os cariris, por sua vez, acordavam todo o povo durante o eclipse, para que ninguém dormisse eternamente.

Em Belém do Pará, no ano de 1877, o povo saiu às ruas durante um eclipse para assustar o bicho que queria comer a lua. Foguetes, bumbos, latas, tiros de espingarda e gritos fizeram parte do escarcéu dos paraenses para que a lua não fosse engolida.

SIMPATIA PARA
DESPERTAR OS PODERES DA LUA

Há, no Brasil, vasto repertório de versos, quadrinhas e cantigas populares sobre os sortilégios e poderes da lua. Recitá-los, fazendo pedidos ao luar, traz a boa sorte:

"Lua nova trovejada/ Oito dias é molhada/ Se ainda continua/ É molhada toda lua."
Deus te salve, lua nova/ E te dê boa ventura/ Que o meu cabelo cresça/ E me bata na cintura."
"Benza-te Deus, ó dindinha/ De três coisas me defendes/ Dor de dente, água corrente/ E língua de má gente."
"Lua nova de agosto carregou, lua nova de outubro trovejou."

QUE DIA É HOJE?
★ 4 DE DEZEMBRO ★
DIA DE SANTA BÁRBARA

Conta a tradição que Santa Bárbara, nascida em Nicomédia, Turquia, foi uma jovem degolada pelo próprio pai, Dióscoro, por ter se convertido ao cristianismo.

Quando a cabeça de Bárbara caiu no chão, trovões e relâmpagos cortaram os ares. Um dos relâmpagos fulminou Dióscoro, o assassino da própria filha. Em virtude disso, Santa Bárbara é considerada a padroeira de todos os que trabalham com o fogo e a protetora contra relâmpagos, trovões e tempestades. Nos cultos afro-brasileiros, a santa é sincretizada com Iansã, a orixá que comanda os ventos e a força dos relâmpagos.

🌸 É de dar água na boca 🌸

Um dos pratos fundamentais do candomblé mais presentes no cotidiano dos brasileiros é o acarajé. A preparação em um terreiro costuma ser artesanal. O feijão-fradinho deve ficar de molho até soltar a casca. A massa, obtida ao se passar o feijão na pedra, é temperada com sal e cebola ralada, depois é misturada com paciência até dar liga. Em um tacho coloca-se o azeite de dendê. Na fervura do óleo de palma, os bolinhos devem ser preparados com capricho. Os grandes, de preferência redondos, são oferecidos a Xangô, orixá vinculado aos atributos do fogo e da realeza. Os pequenos são apreciados pelas iabás (as orixás femininas), em especial Iansã, que foi, nos mitos, a grande paixão de Xangô. Para que tudo esteja nos conformes, convém se deliciar com o acepipe ao som misterioso do ilú, o toque de atabaque predileto de Iansã. No ano de 2004, o Iphan reconheceu a importância dos saberes tradicionais aplicados na produção e comercialização dos acarajés e registrou o ofício das baianas do acarajé como patrimônio nacional brasileiro.

O SEGREDO DA SALAMANCA DO JARAU

Há nas tradições populares, festejos, crendices e lendas do Sul do Brasil, inúmeras referências ao período marcante em que os missionários da Companhia de Jesus desbravaram a imensidão do pampa para catequizar os guaranis. Deste cruzamento tenso e intenso, se elaborou um forte imaginário que caracteriza o imaginário gaúcho como ibero-indígena. É o caso da história da Salamanca do Jarau.

Conta-se que depois de terem sido expulsos da Espanha, alguns mouros saíram da Península Ibérica e pararam no Sul do Brasil. Com os mouros, chegou uma princesa formosa, transformada pelos mistérios da magia em uma velha tapuia, para que não fosse reconhecida.

Aqui chegando, os mouros travaram contato com Anhangá-pitã, um demônio indígena que resolveu

ALMANAQUE BRASILIDADES ❋ MITOS, ENCANTOS E ASSOMBRAÇÕES

auxiliá-los na tarefa de proteger a princesa. Anhangá transformou a moura em um lagarto chamado Teiniaguá, com uma pedra brilhante na cabeça, que passou a viver em uma lagoa no Cerro do Jarau.

Certa feita, um sacristão que trabalhava nas Missões para a Companhia de Jesus, ao buscar espantar o calor, foi até a lagoa. As águas estranhamente fervilhavam. Lá ele encontrou Teiniaguá; botou-a numa guampa e a levou para seu quartinho, nos fundos da igreja.

Durante a noite operou-se um milagre. Teiniaguá voltou a ser a princesa moura e pediu ao sacristão uma taça de vinho. O sacristão, apaixonado, roubou o vinho da missa. Tal fato começou a se repetir todas as noites. Desconfiados, os padres invadiram o quarto do sacristão e descobriram tudo.

A princesa, assustada, transformou-se de novo em Teiniaguá e fugiu para as barrancas do rio Uruguai. O sacristão foi preso e condenado ao suplício no garrote. Na hora da execução, Teiniaguá usou da magia para salvar o amado. A execução não foi concluída, já que um estrondo foi ouvido e a terra afundou.

Teiniaguá e o amado passaram a viver confinados em uma caverna, no fundo do morro do Jarau. O encanto só poderia ser quebrado por alguém que enfrentasse provas de coragem e, depois de ter um desejo contemplado, desistisse dele.

‹ 224 ›

Depois de dois séculos, um gaúcho chamado Blau Nunes chegou à furna no Jarau, ao sair pelos pampas tentando laçar o Boi Barroso. Ele encontrou a gruta de Teiniaguá e submeteu-se a sete provas de coragem, passando por todas elas. Teiniaguá perguntou então sobre seu desejo. Blau respondeu que não desejava nada. Na hora de ir embora, todavia, o sacristão lançou-lhe uma moeda, que Blau guardou.

Por um milagre, a moeda multiplicou-se em várias e, com a fortuna que amealhou, Blau Nunes comprou uma boiada. A riqueza súbita assustou os moradores do local. Quem recebia alguma moeda de Blau, em pagamento de algo, logo perdia a mesma quantia. Com fama de pactário com o diabo, Blau passou a ser evitado por todos.

Rico, porém desprezado, o gaúcho retornou à gruta e devolveu a moeda, argumentando que preferia a liberdade da pobreza e da prosa com os amigos aos problemas que o dinheiro lhe trouxera. Nesse momento, o encantamento se quebrou e o casal obteve a liberdade.

CURIOSIDADE

A lenda da Salamanca do Jarau apresenta variações típicas dos relatos fabulares. A versão consagrada, verdadeiro mito de surgimento da identidade gaúcha, foi a recontada em 1913 pelo escritor gaucho Simões Lopes Neto, em sua obra *Lendas do Sul*. Segundo o autor, a história da Salamanca do Jarau teria sido contada por sua avó charrua, que por sua vez a escutara de seus antepassados.

GENTE SABIDA

" Até cortar os defeitos pode ser perigoso. Nunca se sabe qual é o defeito que sustenta nosso edifício inteiro. "

Clarice Lispector

A GRALHA AZUL

Uma das versões da lenda da gralha azul diz que um dia, no tempo em que os bichos falavam, uma gralha parda foi aos céus e pediu que Tupã – o poderoso som do trovão – lhe desse uma missão especial. O deus lhe entregou um pinhão. A gralha abriu o fruto, comeu sua parte mais fina e enterrou a outra no chão, para devorá-la depois.

Ao voltar para comer a outra parte, a gralha reparou que no local nascera um pinheiro. O pássaro cuidou do pinheiro, que logo deu frutos, e começou a fazer sempre a mesma coisa: comia a parte mais fina e enterrava a parte mais grossa do pinhão. Em pouco tempo, o território que formaria um dia o estado do Paraná estava todo coberto de araucárias.

Ao ver o trabalho que a ave realizou, Tupã deu a ela penas azuis, que a diferenciavam das outras gralhas, em virtude de seu esforço e dedicação.

Outra versão da história diz que uma gralha preta dormia em um galho de um pinheiro, quando foi sur-

ALMANAQUE BRASILIDADES ❁ MITOS, ENCANTOS E ASSOMBRAÇÕES

preendida por golpes de machado. A gralha imediatamente voou para os céus. Lá chegando, ouviu uma voz que a mandava voltar para a terra, com a missão de cultivar pinheiros, espalhando a semente da araucária. Como recompensa pelo trabalho, ganhou penas azuis, mantendo as penas ao redor da cabeça pretas. Diz o povo paranaense que a gralha azul não pode ser abatida, sob pena de forte maldição atingir aquele que a matar.

A gralha azul é o símbolo maior do estado do Paraná. Os mitos sobre a criação das araucárias e da obtenção da plumagem azul da ave explicam, do ponto de vista fabular, o fato de que ela tem mesmo o hábito de enterrar pinhões, sendo por isso a grande cultivadora da floresta de pinheiros.

❧ É de dar água na boca ❧

O prato mais tradicional da cozinha paranaense é o barreado. Prato típico dos caboclos da Serra do Mar, de provável origem açoriana, o barreado tem receita simples: a carne bovina de segunda deve ser cozida em um caldeirão de barro com a tampa colada com uma massa para impedir que o vapor escape durante o processo de cozimento, que pode levar de dezesseis a vinte horas. Diz a tradição que o barreado, desde os tempos coloniais, acompanhava às festas do fandango, sendo ideal para dar sustança aos foliões fandangueiros. Deve ser acompanhado com farinha de mandioca e cachaça (manda o costume que jamais se beba água durante a refeição).

GENTE SABIDA

> Não devemos servir de exemplo a ninguém. Mas podemos servir de lição.
>
> *Mário de Andrade*

O MINHOCÃO DO PARI

Contam que vive encantada no Mato Grosso, nos poços profundos do rio Cuiabá, na região da Barra do Pari, uma minhoca gigante, capaz de virar canoas, engolir pescadores e desmoronar barrancos, causando estragos imensos. Há quem diga que, por causa do minhocão, é prudente não se restaurar a Igreja Matriz de Cuiabá, pois o bicho encontra-se preso pelos fios de cabelo de Nossa Senhora. É isso que impede que a fera continue fazendo grandes estragos.

A crença em cobras imensas que viram barros e engolem pescadores é recorrente entre as populações ribeirinhas do Brasil, já que considerar os rios como locais encantados, povoados de seres extraordinários, é recorrente na história da humanidade em diversas culturas.

Além do Minhocão do Pari, o folclore do Mato Grosso apresenta um riquíssimo repertório de lendas. No imaginário da região habitam também o Pé de Garrafa – um homem que possui apenas um pé, em formato de garrafa, e devora pessoas em uma caverna –, o Come-Língua – menino que arranca línguas de animais –, o Dono dos Porcos – protetor dos animais no Pantanal da Nhecolândia –, a Anta Sobrenatural – imenso animal que ajuda as pessoas a realizar prodígios, mas pode também, se contrariada, desaparecer com qualquer um – e o Negro D'água, criatura fantástica e peluda que afunda embarcações.

❧ É de dar água na boca ❧

A culinária do Centro-Oeste é o clássico exemplo de uma cozinha que mistura, dinamicamente, referências indígenas, africanas, europeias e mouras.

A cozinha goiana é muito marcada pelo uso do pequi, fruto popular do cerrado. O arroz de pequi e a galinhada com pequi e guariroba (palmeira do cerrado que dá um palpito de sabor amargo) são especialmente apreciados. O empadão goiano, recheado com frango desfiado, linguiça, lombo, guariroba, ovos, queijo etc. é outro prato popular da culinária local. A pamonha e o arroz Maria Isabel (com carne-seca) completam o time.

No Mato Grosso, o caldo de piranha, o pacu assado, a carne de capivara na caçarola e a mojica de pintado (guisado de peixe com mandioca) são característiticos da cozinha pantaneira. No Mato Grosso do Sul, o locro é um dos pratos mais populares. De origem paraguaia, é um ensopado normalmente preparado com feijão branco, abóbora e milho.

BUMBAS E BARBATÕES: BOIS QUE DANÇAM E BRIGAM

O auto popular do Bumba Meu Boi apresenta um conteúdo que varia de acordo com a região em que é representado. Apesar das histórias, em linhas gerais, dramatizarem a lenda de um fazendeiro que tinha um boi de raça de extrema beleza, que sabia até dançar.

Na versão mais famosa, a do auto maranhense, um negro escravizado, o Pai Francisco, rouba o boi para saciar o desejo de sua mulher, Catirina, que estava grávida e queria comer a língua do bicho. O boi adoece e fica à beira da morte. Sabedor do ocorrido, o fazendeiro chama pajés e curandeiros indígenas que conseguem, após várias tentativas, curar o boi. O vacum (gado bovino) dança para a alegria de todos. Em outra variante, o boi morre e sua carne é repartida entre todos.

De origem colonial, a dança do Bumba Meu Boi surge no Nordeste, área onde a pecuária extensiva marcou a ocupação do território, e as relações sociais e econômicas foram influenciadas pela escravidão. O auto guarda, provavelmente, influências do Boi de Canastra, folguedo português que não apresenta um enredo dramático com começo, meio e fim. Não há dúvidas, entretanto, da forte influência indígena e africana para que a ópera popular adquirisse os contornos que a caracterizam até hoje.

O Bumba Meu Boi espalhou-se pelo Brasil, adquiriu sotaques próprios e denominações regionais. É o Boi Bumbá da Amazônia, representado com enorme impac-

to no Festival de Parintins, quando os bois Caprichoso e Garantido se enfrentam. É ainda o Boi Janeiro baiano, o Boi Calemba pernambucano, o Boi de Mamão de Santa Catarina, o Boi de Jacá do interior paulista, o Boi de Reis do Espírito Santo, o Boi Pintadinho do Norte do Rio de Janeiro, o Boi Surubim do Ceará etc.

Em comum entre todos eles, destacam-se a importância do canto, da dança, do sentido da vida superando a morte, e da criação de laços identitários a partir das celebrações comunitárias que louvam o boi bailador.

Há também, na vasta tradição da literatura oral do ciclo do gado, as cantorias de vaquejada, louvando as valentias do animal.

Em antanho, no sertão do Nordeste, os bois eram criados soltos. As boiadas eram separadas e identificadas pelas marcas feitas a ferro em brasa nos animais. Alguns bois mais ariscos fugiam e eram perseguidos pelos vaqueiros mais destemidos das caatingas, que buscavam trazer de volta o fujão, anunciando o feito ao grito do aboio.

O boi que escapasse mais de uma vez passava a ser visto como um animal lendário e, normalmente, acabava sendo morto e tinha a carne repartida. O Conto do Boi Mandingueiro, folheto clássico da literatura de cordel, fala disso. Louvado pelos cantadores, exaltado nos cordéis, glosado nos desafios de viola, assim

ALMANAQUE BRASILIDADES ❁ MITOS, ENCANTOS E ASSOMBRAÇÕES

terminava a saga do arisco barbatão: perdia a vida e ganhava a fama.

CURIOSIDADE

Sabendo que o Bumba Meu Boi é devedor das influências ibéricas, indígenas e africanas, é interessante perceber como cada uma dessas influências aparece com mais ou menos intensidade nos instrumentos, vestimentas, danças e ritmos que caracterizam o chamado "sotaque" do grupo.

Os Bois de Matraca são fortemente influenciados pelos indígenas, com a presença marcante do maracá, da matraca e do tambor-onça, um tipo de cuíca que imita um urro de onça ou boi.

O Boi de Zabumba é mais influenciado pelos ritmos africanos. Certamente em virtude disso, é mais marcado pela força dos instrumentos de percussão, como o tamborinho (tambor pequeno de couro), o bumbo, a zabumba e o impressionante tambor de fogo. Este último é feito de uma tora de madeira ocada a fogo e coberto por couro de boi.

O Boi de Orquestra é mais marcado pela influência europeia, com a presença de instrumentos de sopro como saxofones, clarinetas, trombones e pistões.

QUE DIA É HOJE?
★ 11 DE DEZEMBRO ★
NA CADÊNCIA DO TANGO

Foi em 11 de dezembro de 1890 que nasceu o cantor Carlos Gardel. Exatamente nove anos depois, nasceu o diretor de orquestra Julio de Caro. Ambos foram figuras fundamentais na história do tango, um estilo musical e uma dança que caracterizam a cultura das cidades de Buenos Aires e Montevidéu, às margens do rio da Prata. O ritmo do tango é sincopado e de compasso binário, como também é o samba brasileiro. No início do século XX, desenvolveu-se no Rio de Janeiro um "tango brasileiro", cujo maior representante foi o compositor Ernesto Nazareth; o ritmo guarda proximidades com o maxixe. O maior parceiro de Carlos Gardel em suas composições, Alfredo Le Pera nasceu no bairro do Bixiga, em São Paulo. Ainda menino, mudou-se com os pais para a Argentina.

MENINOS MAUS

São comuns entre nós histórias de assombrações e mitos que condenam a castigos terríveis os filhos que maltratam, mentem e matam os pais. Como todos os mitos, os relatos exercem as funções, pela negação de suas atitudes, dos modelos de conduta exemplares. Situam-se, ainda, em certa pedagogia do medo, muito comum nas tradições populares mais arraigadas, expressa na seguinte sentença: "Quem bate na mãe fica com a mão seca".

Romãozinho nasceu mau, gostando de maltratar os bichos e arrancar as plantas. Mentiu para o pai, sugerindo que a mãe o traía com outro. O pai matou a mãe com um golpe de punhal. Enquanto agonizava, a mãe lançou a praga de que Romãozinho nunca teria descanso. Assim aconteceu.

O moleque nunca cresceu e vaga desde então como assombração das estradas. Fazendo travessuras, como se fosse um Saci-Pererê, Romãozinho assusta os viajantes solitários, joga pedras nos telhados e mata os animais. Já foi visto no Norte de Minas Gerais, em Goiás, na Bahia e no Maranhão. Há quem diga que pode ser agradado com comidas postas nas encruzilhadas, fazendo favores para quem lhe propiciou a dádiva.

Já nas bandas do Piauí, a assombração chama-se Crispim. Contam que ele foi um menino que matou a própria mãe com um osso de boi de uma sopa rala. A praga da mãe que agonizava pegou: Crispim foi transformado em um monstro cabeçudo – da cabeça do tamanho da cuia da sopa – que mora nos rios e passou a ser chamado de Cabeça de Cuia.

Dizem que a maldição só será quebrada quando Crispim matar sete virgens chamadas Maria. Por causa disso, as moças solteiras de tempos atrás evitavam lavar roupas sozinhas nas margens do rio Parnaíba.

O Corpo-Seco era um filho que batia constantemente na mãe. Por causa disso, quando morreu, foi rejeitado pela própria terra, que cuspiu seu corpo na hora do enterro. Passou então a viver grudado nos troncos das árvores. Há quem diga que ataca os viajantes, sugando-lhes o sangue. Relatos sobre o Corpo-Seco se espalham pelo Brasil rural, do Amapá aos confins de Minas Gerais, do Amazonas ao Paraná.

CURIOSIDADE

Assombrações são típicas de um Brasil rural, mas também estão presentes no imaginário do país urbano. No ano de 1975, um jornal sensacionalista de São Paulo, o *Notícias Populares*, anunciou que tinha nascido, no ABC paulista, um "Bebê Diabo", com chifres e rabo. Durante quase um mês, todas as manchetes do jornal se referiram ao estranho acontecimento. Reportagens com relatos de pessoas que teriam visto o Bebê Diabo fizeram o jornal bater recordes de vendagem. Em São Bernardo do Campo, moradores de casas botavam alho nos telhados para afastar o monstro. O mesmo jornal ajudou a propagar a história da Loura do Banheiro, um fantasma com algodões nas narinas que assombrava crianças nas escolas de todo Brasil.

GENTE SABIDA

❝ Presente, passado e futuro? Tolice. Não existem. A vida é uma ponte interminável. Vai-se construindo e destruindo. O que vai ficando para trás com o passado é a morte. O que está vivo vai adiante. ❞

Darcy Ribeiro

QUE DIA É HOJE?
★ **25 DE DEZEMBRO** ★
OS EMBALOS DA NOITE FELIZ

O Brasil tem uma forte tradição de músicas natalinas e folguedos de celebração da natividade de Cristo: pastoris, cheganças, marujadas, Bois de Calemba, fandangos, lapinhas e congadas, entre outros. Na música popular brasileira, a tradição do cancioneiro de Natal é vasta e bastante significativa, contrariando os que acham que não existe um repertório natalino nacional. Indo para os registros autorais, sabemos que a primeira canção natalina brasileira a estourar em disco foi "Boas Festas", clássico do compositor Assis Valente gravado em 1933 por Carlos Galhardo, com arranjo de Pixinguinha. O sucesso foi tanto que, no ano seguinte, Ary Barroso, Braguinha, Bide, Herivelto Martins e o próprio Assis Valente lançaram marchas de Natal. Luiz Gonzaga, Dalva de Oliveira, Clementina de Jesus, Francisco Alves, Chico Buarque, Elizeth Cardoso, Blecaute, Fundo de Quintal, Nei Lopes, Wilson Moreira, Roque Ferreira, Luiz Carlos da Vila, Clara Nunes, Paulo César Pinheiro, Vinicius de Moraes, Baden Powell, Zezé Motta, Carlos Galhardo, Dominguinhos, João Nogueira, Jorge Ben, Dauro do Salgueiro,

Zé Luiz do Império, Almir Guineto, Toque de Prima, Sombrinha, Lupicínio Rodrigues, Jamelão, Cartola, Beth Carvalho, Carmen Miranda, Aurora Miranda, Dona Ivone Lara, Luiz Grande, Dick Farney, Adoniran Barbosa, Mônica Salmaso, Celso Viáfora, Tonico e Tinoco, Elomar, Xangai, Pena Branca e Xavantinho, Marlene, Emilinha e tantas outras e outros de inúmeros gêneros musicais fizeram e gravaram músicas de Natal. Repertório para se comemorar a Natividade em português é, portanto, o que não falta.

A VIAGEM DA NAU CATARINETA

A Nau Catarineta é uma xácara (poesia popular cantada) de origem ibérica, que virou um auto de dramatização das aventuras e azares de uma travessia marítima: o enfrentamento das calmarias, o jogo da sorte para sacrificar um tripulante, as propostas tentadoras do diabo, a intervenção divina para levar a nau a um bom porto. A estrutura narrativa se insere na vasta tradição de confronto entre as tentações demoníacas e a bondade divina, tão presente no romanceiro ibérico. Registre-se ainda que, na literatura oral dos povos navegadores, as histórias fantásticas de tormentas e tragédias no oceano imenso aparecem com frequência.

O escritor Almeida Garret afirmava que o romance popular da "Nau Catrineta", base do auto, teria sido inspirado pelo naufrágio da Nau Santo Antônio, de Jorge de Albuquerque Coelho, filho de Duarte Coelho, capitão-donatário de Pernambuco, em 1565. Ao sair do Brasil com destino a Portugal, a Santo Antô-

ALMANAQUE BRASILIDADES ✽ MITOS, ENCANTOS E ASSOMBRAÇÕES

nio foi abordada por corsários franceses, saqueada com todos os seus mantimentos e deixada à deriva no oceano. Os tripulantes foram morrendo, vitimados pela fome e pelo escorbuto. Em desespero, sobreviventes teriam começado a comer a carne dos mortos.

Mário de Andrade aponta que, no século XVII, os frades capuchinhos Angelo de Gattina e Denis Carli di Piacenza, indo do Brasil para Portugal em mar tormentoso, escreveram que a viagem lembrava a tragédia do "infelice vascello detto Catarineta". O relato dos frades seria o mais antigo documento que aponta a possibilidade do romance da nau ter sido mesmo baseado em um fato histórico.

PARA SABER MAIS

Em 1938, a Missão de Pesquisas Folclóricas idealizada por Mário de Andrade recolheu material audiovisual de inúmeras manifestações populares do Norte e do Nordeste do Brasil. Mário temia a descaracterização dos folguedos, provocada pela rápida urbanização do país à época. Essa missão fez, em João Pessoa, Paraíba, o primeiro registro sonoro do folguedo da Nau Catarineta.

GENTE SABIDA

❝ O desenvolvimento humano só existirá se a sociedade civil afirmar cinco pontos fundamentais: igualdade, diversidade, participação, solidariedade e liberdade. **❞**

Herbert de Souza, o Betinho

QUE DIA É HOJE?
★ 31 DE DEZEMBRO ★
É TEMPO DE RESOLUÇÕES

A celebração do ano-novo, na virada do dia 31 de dezembro para o primeiro dia de janeiro, é mais recente do que, provavelmente, a maioria imagina. Ao longo dos tempos e das diversas civilizações, a data de celebração de um novo ciclo mudou inúmeras vezes. Os babilônicos costumavam comemorar o novo ano no equinócio da primavera; os assírios e egípcios realizavam os festejos em setembro; os gregos celebravam o furdunço em finais de dezembro. Chineses, japoneses, judeus e muçulmanos ainda têm datas próprias e motivos diferentes para comemorar o ano bom. Entre os povos ocidentais, a data de 1º de janeiro tem origem entre os romanos (Júlio César a estabeleceu em 46 a.C.). Só em 1582, com a adoção do calendário gregoriano, a Igreja católica oficializou o primeiro dia de janeiro como o início do novo ano no calendário ocidental. Muito tempo depois do papa Gregório VIII, mais precisamente em 1951, Chico Alves e David Nasser fizeram de "Adeus, ano velho", a mais popular canção brasileira sobre a tradição das festas de fim de ano.

O LIVRO

Trecho da edição de 1921 do *Lunário Perpétuo*, citado por Luís da Câmara Cascudo, com orientação medicamentosa e filosófica de Avicena:

"Para tirar qualquer bicho que tenha entrado no corpo. Quando o bicho ou cobra entrar no corpo de alguma pessoa, que estiver dormindo, o melhor remédio é tomar o fumo de solas de sapatos velhos, pela boca, por um funil, e o bicho sairá pela parte de baixo: coisa experimentada."

O *Lunário Perpétuo* foi o livro mais lido nos sertões do Nordeste durante duzentos anos. Ensinava, com a vastidão de um almanaque, desde prognósticos meteorológicos até remédios estupefacientes; informava ainda sobre horóscopos, países da Europa, mitologia, doutrina cristã, conselhos veterinários, nomes de estrelas, biografia de papas, ladainhas fúnebres, rudimentos de física e química e dicas culinárias.

Ainda explicava como agir em casos de terremotos, maremotos e demais catástrofes naturais. Era, por assim dizer, uma espécie de Google de tempos

ALMANAQUE BRASILIDADES ❧ MITOS, ENCANTOS E ASSOMBRAÇÕES

passados; divertido, esclarecedor, poético e preciso, diga-se de passagem. Educou gerações de brasileiros do sertão.

O primeiro *Lunário* foi publicado em Lisboa, no ano de 1703, com o título de *O non plus ultra do lunário e prognóstico perpétuo, geral e particular para todos os reinos e províncias*, escrito por certo Jerônimo Cortez, valenciano, traduzido em português e emendado conforme o Expurgatório da Santa Inquisição. Há um exemplar no setor de obras raras da Biblioteca Nacional, no Rio de Janeiro.

Capistrano de Abreu, o grande historiador do século XIX, dizia não acreditar em padres, feiticeiros, filósofos ou coisa que o valha. Não abria mão, porém, de consultar o *Lunário* para informar-se sobre os desígnios dos astros. Câmara Cascudo morreu cego, mas com um exemplar do *Lunário Perpétuo*, edição de 1918, em cima do criado-mudo. Os cantadores de São José do Egito consultam, ainda hoje, velhíssimas edições do livro para versar seus desafios em gestas imemoriais. O *Lunário Perpétuo* é um dos livros fundamentais do Brasil.

GENTE SABIDA

"Só não existe o que não pode ser imaginado."
Murilo Mendes

DESTINO FINAL: A ILHA ENCANTADA

O cartógrafo genovês Angel Dalorto, nos idos do século XVI, desenhou em um de seus mapas uma ilha, localizada no sudoeste do litoral irlandês. Não foi o único a desenhá-la.

Dalorto acreditava que ali, naquele lugarzinho perdido, o monge irlandês Brandão, que em 565 meteu-se em alto-mar e posteriormente virou santo, teria encontrado uma terra sem males, com temperatura amena, comida em abundância, terras fartas, pássaros canoros e plena igualdade entre os habitantes. Essa ilha se chamava Hy Brazil!

O mais interessante disso tudo é que, segundo a mitologia celta, Hy Brazil era uma ilha movediça, arisca, que desaparecia no horizonte, entre brumas cinematográficas, sempre que algum navegante se aproximava dela. Ao sair para o mar, na companhia de catorze monges, São Brandão não se deixou iludir pelo nevoeiro e chegou finalmente a Hy Brazil, onde viveu até o fim de seus dias.

Segundo os dados expressos na obra latina *Peregrinatio Sancti Brandani* (escrita provavelmente no século IX), São Brandão teria nascido na Irlanda, em 460, e morrido em Hy Brazil no ano de 641. O santo, portanto, teria partido para sua peregrinação oceânica aos 105 anos e morrido pouco depois de completar 181 aniversários.

Alguns estudiosos de boa cepa querem crer que o nome que a colônia portuguesa na América recebeu, Brasil, não teria sido inspirado na quantidade de pau de tinta existente na costa, mas sim nos relatos fantásticos sobre a ilha encontrada por São Brandão, que povoou durante séculos a imaginação de gerações de navegadores.

Pau-brasil ou Hy Brazil? Cada leitora e leitor escolha a origem que lhe apeteça para o nome do país e conte as suas histórias. Esses encantamentos brasileiros, afinal, podem ser definidos pela *Invenção de Orfeu* do poeta Jorge de Lima, recriada em um samba magistral da Unidos de Vila Isabel no Carnaval de 1976:

"Uma luz nas trevas se acendeu
mentira pra quem não crê
milagre pra quem sofreu."

DICAS DE LEITURA

ANDREATO, Elifas; RODRIGUES, João Rocha. *Brasil*:
almanaque de cultura popular. Rio de Janeiro:
Ediouro, 2009.

BARROS, José Flávio Pessoa de. *A fogueira de Xangô*. Rio de
Janeiro: Intercom-Uerj, 1999.

BASTIDE, Roger. *O candomblé da Bahia*. São Paulo:
Companhia das Letras, 2001.

BONNA, Mizar. *Dois séculos de fé*. Belém: Cejup, 1993.

CARNEIRO, Edson. *Candomblés da Bahia*. Rio de Janeiro:
Editorial Andes, 1954.

CASCUDO, Luís da Câmara. *Antologia do folclore brasileiro*.
São Paulo: Global, 2001.

___. *Dicionário do folclore brasileiro*. Rio de Janeiro:
Ediouro, s/d.

CRAVO ALBIM, Ricardo et al. *Dicionário Houaiss Ilustrado –
Música Popular Brasileira*. Rio de Janeiro: Paracatu, 2009.

CUNHA, Euclides da. *Os Sertões*. São Paulo: Brasiliense, 1985.

FERRETI, Mundicarmo. *Desceu na guma*: o caboclo no
tambor de mina no processo de mudança de um terreiro
de São Luís: a casa Fanti-Ashanti. São Luís: Siorge, 1993.

FILHO, Mário. *O negro no futebol brasileiro*. Rio de Janeiro:
Mauad, 2003.

FREYRE, Gilberto. *Açúcar*: uma sociologia do doce. São
Paulo: Global, 2007.

GAUDITANO, Rosa; TIRAPELI, Percival. *Festas da fé*. São
Paulo: Metalivros, 2003.

ALMANAQUE BRASILIDADES ❂ DICAS DE LEITURA

GOMES, Alexandre de Castro. *Folclore de chuteiras*. São Paulo: Peirópolis, 2014.

LARA, Silvia Hunold; PACHECO, Gustavo. (orgs.) *Memória do jongo*: as gravações históricas de Stanley J. Stein. Rio de Janeiro: Folha Seca, 2007.

LIMA, Vivaldo da Costa. *Cosme e Damião*: o culto aos santos gêmeos no Brasil. Salvador: Corrupio, 2005.

LOPES, Nei. *Novo dicionário banto do Brasil*. Rio de Janeiro: Pallas, 2003.

___. *O negro no Rio de Janeiro e sua tradição musical*. Rio de Janeiro: Pallas, 1992.

MEGALE, Nilza Botelho. *Invocações da Virgem Maria no Brasil*. Petrópolis: Vozes, 1998.

MELLO E SOUZA, Marina. *África e Brasil africano*. São Paulo: Ática, 2006.

MORAIS FILHO, Melo. *Festas e tradições populares do Brasil*. Brasília: Senado Federal, 2002.

MOTA, Leonardo. *Cantadores* – Poesia e linguagem do sertão cearense. Fortaleza: Editora ABC, 2009.

MOURA, Roberto. *Tia Ciata e a Pequena África no Rio de Janeiro*. Rio de Janeiro: SMC/Prefeitura do Rio, 1995.

MOURA, Roberto M. *No princípio, era a roda*. Rio de Janeiro: Rocco, 2004.

NÓBREGA, Christus. *Renda Renascença*: uma memória de ofício paraibana. João Pessoa: Sebrae, 2005.

PRANDI, Reginaldo. (org.) *Encantaria brasileira*. Rio de Janeiro: Pallas, 2001.

QUERINO, Manoel. *A arte culinária na Bahia*. São Paulo: Martins Fontes, 2011.

RUFINO, Luiz; SIMAS, Luiz Antonio. Fogo no mato: a ciência encantada das macumbas. Rio de Janeiro: Mórula, 2018.

SANTILLI, Márcio. *Os brasileiros e os índios*. São Paulo: Senac, 2000.

SCHWARCZ, Lilia Moritz; STARLING, Heloisa. *Brasil*: uma biografia. São Paulo: Companhia das Letras, 2017.

SIMAS, Luiz Antonio. *Pedrinhas miudinhas*: ensaios sobre ruas, aldeias e terreiros. Rio de Janeiro: Mórula, 2013.

___. Sabores sagrados. In: *Revista de História da Biblioteca Nacional*, Rio de Janeiro, n. 115, 2015.

SPIRITO SANTO. *Do samba ao funk do Jorjão*. Petrópolis: KBR, 2011.

VERGER, Pierre. *Notas sobre o culto aos orixás e voduns*. São Paulo: Edusp, 1999.

VILLAS-BÔAS, Orlando; VILLAS-BÔAS, Cláudio. *Morená, a praia sagrada*. Porto Alegre: Kuarup, 2000.

Este livro foi editado pela Bazar do Tempo, na cidade de
São Sebastião do Rio de Janeiro, em setembro de 2018.
Ele foi composto com as tipografias Garamond Premier
Pro e Woodkit, e impresso em papel Pólen Bold 90 g/m²,
na gráfica Rotaplan.

5ª reimpressão, janeiro 2023.

LUIZ ANTONIO SIMAS é professor, historiador e escritor. É autor de diversos livros, como *Dicionário da história social do samba*, escrito com Nei Lopes e vencedor do prêmio Jabuti 2016 na categoria Livro de Não Ficção do Ano; *Fogo no mato: a ciência encantada das macumbas* (2018), com Luiz Rufino; *Coisas nossas*; *Ode a Mauro Shampoo e outras histórias da várzea* (ambos em 2017); *Pra tudo começar na quinta-feira: o enredo dos enredos* (2015), com Fábio Fabato; *Pedrinhas miudinhas: ensaios sobre ruas, aldeias e terreiros* (2013); *Portela – tantas páginas belas* (2012); *Samba de enredo: História e arte* (2010), com Alberto Mussa; *O vidente míope – J. Carlos n'O Malho, 1922-1930* (2008), com Cássio Loredano; e organizou com Marcelo Moutinho a coletânea *Meu lugar* (2015). Trabalhou como consultor – ao lado de Ruy Castro, Sérgio Cabral, Jairo Severiano e Hermínio Bello de Carvalho – no processo de criação do novo Museu da Imagem e do Som (MIS) do Rio de Janeiro e recebeu, em 2014, por serviços prestados à cultura do Rio de Janeiro, o conjunto de medalhas da comenda Pedro Ernesto, conferido pela Câmara Municipal. Publicou mais de uma centena de artigos e textos em jornais e revistas sobre a cultura popular brasileira. É jurado do Estandarte de Ouro, a mais tradicional premiação do carnaval carioca.